Timeless Wisdom
for the Modern World I

Shihyun Kim, Ph.D.

Timeless Wisdom
for the Modern World I

Shihyun Kim Ph.D.

We want to hear from you. Please send your comments about this book to
us in care of eternalspring2013@gmail.com.
Thank you.

Timeless Wisdom for the Modern World I
Copyright © Shihyun Kim Ph.D.

ISBN-13: 978-0-9905310-7-4

I dedicate this book
to the readers

and

to those who are looking for a spark of light of wisdom
among the darkness of humanity.
Be happy forever.

CONTENTS

Value of Life 인생의 가치

Living a grand life is as hard as living a small life. Then, live a grand life. If you do not do so, a small life will involuntarily follow.

큰 삶을 사는 것도 어렵고 작은 삶을 사는 것도 어렵기는 마찬가지다. 그렇다면 큰 삶을 살아라. 그러면 작은 삶은 스스로 살아지느니라.

Always live a life of a leader, your life will become enjoyable and worthwhile.

항상 갑(甲)의 인생을 살라. 네 삶이 즐겁고 멋지게 될 것이다.

Human beings ought to be the head, not the feet, in front of Mother Nature and God. Why? Because a human is the very first God and the second is God and Mother Nature. The world and God only exist after the existence of humans. Without its being, neither the world nor God exist.

천지대자연에게도, 신에게도 우리가 갑(甲)이 돼야지 을(乙)이 되어선 안 된다.

왜냐? 네가 바로 제 1 신(第一神)이고 하느님, 천지대자연은 2신(二神이)이기 때문이다. 네가 있고 난 후에야 세상도 있고 하느님도 있는 법이지 네가 없고 나면 세상도 없고 하느님도 없는 것이다.

How can you desire for a better life if you are not living out a virtuous life?

네 생활은 바르게 못 살면서 어찌 더 나은 삶을 욕심내고 더 잘 살기를 바라는가?

How can God support your wronged life? It's not that God has no strength to help you but God knows that it is impossible to help one who lives wrongly, even if God wanted to.

네가 잘못 사는데 어찌 하늘이 도울 수 있겠는가? 하늘이 힘이 없어 돕지 못하는 것이 아니라 돕고 싶어도 그럴 수 없어 못 돕는 것이다.

Unlike animals which live according to their given surroundings, humans live to renovate their surroundings with effort, merely accepting the given surroundings is not the life of a human.

동물은 환경이 주어지는 대로 그냥 살지만 인간은 노력으로 환경을 고쳐가며 사는 동물이다. 그러니 주어진 환경대로 그냥 사는 것은 인간의 삶이 아니다.

A valuable life comes from undertaking meaningful and fruitful work not from earning a great sum of money.

뜻있고 보람 있는 일을 할 때 잘살아 지는 것이지 돈을 많이 벌었다고 잘살아 지는 것이 아니다.

How much can you utilize your strength to live for others? This is the way to a valuable life and is the way to make you shine.

네가 갖춘 힘으로 남을 위해 얼마나 보람 있게 사느냐, 이것이 잘사는 것이고 너를 빛나게 만드는 것이다.

The value of human existence comes from the necessity of being, thus they lose the meaning of existence when they become useless in this world.

인간이란 이 세상에 필요할 때 존재 가치가 있는 것이지 세상에 필요 없이 살 때는 너의 존재 가치란 없고 마는 것이다.

Life without a philosophy is meaningless.

사상이 없는 인생은 무의미하다.

No animal or computer can have a philosophy. Only humans can possess a philosophy. That is why humans are noble and respected.

동물이 사상을 가질 수 없고 컴퓨터도 사상을 갖질 못 한다. 오직 인간만이 사상을 가질 수가 있다. 그래서 인간이 고귀하고 존중을 받는 것이다.

The law of the jungle reflects the life of an animal not a human. A human is not living to make ends meet but lives to inflame themselves to make this world a beneficial place.

약육강식은 동물의 삶이지 사람의 삶을 말함이 아니다. 먹고 살기 위해 사는 것이 사람이 아니라 나를 불태워 널리 세상을 이롭게 하기 위해 사는 것이 사람이다.

Don't be afraid of anything but prepare yourself and build your strength. Then you will become a person who has the capability to take care of all things of this world.

아무것도 두려워 말고 너를 갖추어 네 힘을 키우라. 그러면 세상 어떤 일도 처리할 수 있는 것이 인간이다.

Since the creation of the universe life was born last. It was because the management of life required a certain amount of energy mass. Among all the living creatures, humans appeared at the very end. After the mother of nature has produced and developed the necessary components for the sustainment of human life, humans came into this world. Human is the final creation of the universe and therefore, they ought to play the most important role in this universe.

우주가 창조되고 나서 맨 마지막에 생명이 탄생하였다. 우주에 그만한 에너지질량이 생산되어야만 생명이 운용될 수 있기 때문이었다. 그 생명들 중에서도 인간이 제일 마지막에 등장을 하였다. 대자연이 물질을 전부다 생산을 하고 진화발전 시켜서 인간이 살아나갈 수 있는 환경과 바탕을 갖춘 후에 인간이 온 것이다. 그래서 인간은 우주진화발전의 최종산물이며 이것은 인간이 이 우주에서 가장 중요한 역할을 해야 한다는 뜻이다.

In this world there are great amounts of energy and countless numbers of germs but a human is the one who can oversee all. If one has acquired a balanced energy mass within, one is undaunted by hard work and not weakened by any kind of disease. A human is the one who can lead the world.

세상에는 에너지도 많고 세균도 무수히 많지만 이걸 전부 다스려 나갈 수 있는 것이 인간이다. 자신의 에너지질량을 잘 갖추면 어떤 일에도 굴하지 않고 어떤 병마에도 약해지지 않고, 세상을 리드해 나갈 수 있는 것이 인간이다.

If you are needed by this world, you will be used by this world but if not, that's alright. If you are given work to do, you can passionately accomplish that work. If no work is given to you, you don't need to do it. You need to be prepared to handle all things of life's flow of coming and going, having and lacking.

네가 세상에 필요하면 쓰이면 되는 것이고 필요 없으면 가면 그만이다. 네게 해야 할 일이 주어지면 너를 불살라 하면 되고 아무 일도 주어지지 않으면 하지 않으면 그만이다. 오고 감에 걸림이 없고, 있고 없음에 걸림이 없는 항상 준비된 사람이 되어야 한다.

When you walk into one door of life you must close that door to let new world open up. If you fail to neither go out nor come in with one foot at the threshold then heaven cannot bless you even if it wanted to.

인생의 한 문을 열고 들어가면 그 문을 닫아야 새로운 세상이 열리는 법이다. 문지방에 한쪽 다리를 걸쳐놓고 들어오지도 나가지도 않고 있으면 하늘이 축복을 주고 싶어도 못 주는 것이다.

How can heaven give anything when you are not letting go of the doorknob you have grabbed? You holding on to the doorknob is to imply that you have not resolved things from the past.

열고 들어온 문고리를 놓지 못하고 있는데 하늘이 무엇인들 줄 수 있겠는가? 문고리를 붙잡고 있다는 것은 아직 지난 것들에 대한 정리가 안 되었다는 뜻이다.

Every person has portions that they have received in this life. Life is to try your best for your portion, not to do things all over the world alone.

사람들은 전부다 이생에 자기가 받아온 몫이 있다. 그 몫만큼 노력하고 가는 것이 네 삶이지 너 혼자 세상을 다 어떻게 해야 되는 것은 아니다.

How does each person reveal their inherited talents before they are gone from the world? This is what you need to recognize for yourself and when you do that, you are fulfilling your given task.

저마다 타고난 자기소질을 세상에 어떻게 펼치고 가는가? 이것이 네가 깨달아야 할 일이고 그 일을 할 때 자기 할일을 다하는 것이다.

This world shines when individuals fulfill each of their portions.

저마다 타고난 자기 몫의 일을 다 할 때 세상이 빛나게 된다.

Shades of the future lie within today's comfort; strength to brighten the future also lies within today's hardship.

오늘의 편안함 속에 앞으로 다가올 그늘도 있고, 오늘의 어려움 속에 미래를 밝힐 힘도 들어있는 법이다.

You ought to repay your ancestors with loyalty because you were born through their sacrifice. Enlightening your ancestor's spirit is the way to repay them with your loyalty.

조상님들의 희생 속에서 오늘의 네가 태어났으니 조상님들께 의리를 갚아야 한다. 조상의 얼을 빛내는 것, 그것이 바로 조상님들께 의리를 갚는 것이다.

The Mass of Humans 인간의 질량

Living for humans is to fulfill their spiritual needs. As one acquires the right knowledge, the spiritual mass develops and becomes pure.

영혼이 살찌고 충만해지고자 사는 것이 인간이다. 하나하나 바른 지식을 갖출 때 영혼의 질량이 좋아지고 맑아진다.

As you advance your spiritual mass by building the right knowledge, wisdom and judgement automatically develop in you. When that happens, nothing is impossible for a human to undertake.

바른 지식을 쌓아 네 영혼의 질량을 높이면 스스로 지혜가 열리고 분별이 일어난다. 그럴 때 못할 것이 없는 것이 인간이다.

Humans cannot indiscreetly treat anything from Mother Nature but also, there's nothing humans cannot do if they do it with all their heart.

대자연의 무엇도 함부로 할 수 없는 것이 인간이고 마음을 다하면 안 되는 것이 없는 것이 또한 인간이다.

Humans can even turn God around with their sincerity. But the reason why one cannot do so is because one does not have any passionate desire.

정성을 다하면 신도 돌려 세울 수 있는 것이 인간이다. 그런데 지금 그렇게 못한다는 것은 진짜 간절히 바라는 애틋함이 없어서 그런 것이다.

The one who lives to help others will gain spiritual purity. One, who benefits others, will be lighted in spirit and will reach heaven when they discard their physical self to leave this earth. This is known as nirvana.

남을 돕고 사는 자, 영혼이 맑아지리라. 남을 이롭게 하는 자, 영혼이 가벼워져 인생을 마감하고 육신을 벗고 떠날 때 천상에 오르리라. 이것이 해탈이다.

Just because you sit on the mountain and cultivate your spirit for a thousand years, that doesn't mean you obtain spiritual purity. Your spirit will become pure when you shine your light onto others by benefitting others, only then you will rise to heaven.

산속에 앉아 천 년을 닦는다고 맑아지는 것이 아니다. 상대에게 빛나는 일을 하고 상대를 이롭게 할 때 너의 영혼이 맑아지리니 그럴 때 천상에 오르는 것이니라.

The reason why we train and study is to purify our spirit and to advance our spiritual mass so that we may develop the concreteness of our experience.

우리가 수행하고 공부하는 이유는 영혼을 맑히고 영혼의 질량을 높여 내공의 밀도를 키우기 위함이다.

The convergence occurs in the soul when spiritual mass increases. Then, one acquires the strength to control matter, because matter always moves by nonmatter.

영혼의 질량을 키우면 영혼에 내공이 생긴다. 그러면 물질을 끌어 올 수 있는 힘이 생긴다. 물질은 언제나 비물질에 의해서 움직이기 때문이다.

When the concreteness of a spiritual experience is elevated, it is possible to move anything that is far in distance. When the concreteness of the spiritual experience is weak, then it is only able to move things that are near.

영혼의 내공의 밀도가 높으면 먼 곳에 있는 것도 끌어 올 수 있고 내공의 밀도가 약하면 가까이 있는 것 밖에 끌어오질 못하게 된다.

Personal Advancement, Equipped 자기개발, 갖춤

The body can stand upright only when the mind is virtuous.
정신이 바로 서야 육체도 바로 서는 법이다.

If one interacts with others without sophisticating oneself, then one cannot gain authority.
자신을 다듬지 않고 사람을 대하면 네가 우위를 점할 수가 없다.

You receive respect only when you live for others after you have refined yourself and obtained spiritual morality. When the ignorant reigns above others, only disgrace will follow.

자신을 갖추고 질량을 갖춘 자가 사람들을 위해서 살 때 존경을 받는 것이지 무식한 자가 사람위에 군림을 하면 망신을 당하는 법이다.

If you have refined yourself in a virtuous manner, then you can govern any dilemma of this world.

너 스스로를 바르게 갖추면 세상 어떤 일이 와도 다스려 갈 수 있게 되느니라.

Wisdom automatically opens itself up when you correct your wrong deeds, thus you become capable of managing and utilizing things of this world.

네 자신의 잘못된 점만 바로 잡으면 지혜는 스스로 열려 세상 모든 것을 운용하고 쓸 줄 알게 된다.

The strength of a human is limitless. But they just don't recognize how to develop their strength.

인간의 힘은 무한하다. 다만 그 힘을 성장시키는 방법을 몰랐을 뿐이다.

Life will not transform when one lives a cynical life with a frown. Life can only transform when one lives a hopeful life with a smile.

찡그리고 힘들게 살아선 절대 삶이 바뀌질 않는다. 웃으면서 즐겁게 살 때 비로소 삶도 좋게 바뀐다.

When the young ones only crave material things and good conditions in life, their discernment deteriorates, so that they are not able to foresee the serious matters, which then will bring hardships.

젊어서 물질만 탐하고 좋은 조건만 탐하면 세상을 보는 안목이 낮아져서 큰일을 보지 못하니 나중에 어려운 환경이 찾아오는 것이다.

Each person has inherited varying degrees of spiritual mass. One ought to sophisticate and grow oneself accordingly.

저마다 타고난 질량이란 것이 있다. 여기에 맞게끔 자신을 공부시키고 키워내야 하는 것이다.

Money decreases as it is spent but knowledge only increases as it is spent. Therefore, you must spend your money to replenish a deficiency in your knowledge.

돈은 쓸수록 줄어가지만 지식은 아무리 써도 줄지 않고 늘어만 간다. 그러니 돈을 쓰면서 얼른 네 모자란 지식을 채워가야 한다.

Just because someone is big doesn't mean that person is a great person. One's greatness is determined by how much knowledge and spiritual worthiness a person has.

덩치가 크다고 사람이 큰 것이 아니라 얼만한 지식과 내공의 질량을 갖추었느냐가 그 사람의 크기이다.

A person becomes glorious when he or she has a great amount of spiritual mass, spiritual mass grows as one builds it up with knowledge.

사람은 그 안에 갖춘 내공의 질량이 클 때 당당해지는 법이고 내공의 질량은 지식을 채울수록 커진다.

Stars gain gravity as their mass becomes larger but humans gain worthiness as their knowledge becomes great.

별들은 질량이 커질수록 중력이 생기지만 인간은 지식이 많아질수록 내공이 생기는 법이다.

Just like how a star with strong gravity pulls and absorbs the surrounding smaller stars to become larger, humans gather others around them to become stronger.

중력이 큰 별이 주위의 작은 별들을 당겨 흡수해 커지듯이 내공이 큰 사람은 주위의 사람들을 당겨 모아 더 큰 힘을 가지게 된다.

If you have a large degree of consideration, other people will rush toward you in flocks. If you have a small degree of consideration, people will leave you.

네가 가진 생각의 질량이 크면 사람들이 몰려오고 네 생각의 질량이 작으면 사람들이 떠나간다.

If people around you are leaving you as you age, this reflects your spiritual concreteness, in other words your worthiness is diminishing.

나이가 들수록 사람들이 네게서 떠나는 것은 네 질량의 밀도, 즉 내공이 작아지고 있다는 뜻이다.

When you are financially burdened, alleviate yourself then compensate for your flaws. As you build up strength, let the strength direct you according to its proportion.

경제적으로 어려울 땐 자중하고 네 모자람을 갖추라.

그렇게 해서 힘이 차는 대로 그 힘에 비례해서 움직이도록 하라.

Your words accurately reflect your level and skills. If you have not acquired skills, you cannot engage in a sophisticated conversation no matter how well you are dressed up.

정확하게 너의 수준과 실력을 나타내는 게 말이다. 네 실력을 갖추지 않았으면 아무리 꾸며도 질량 있는 대화, 수준 높은 대화는 못 하는 법이다.

If you don't have acquired knowledge then the words that come out of your mouth cannot be worthy. This is why you are disdained. Other people disdain you and refuse to talk to you because your words reflect your inferiority.

네 안에 갖춘 지식이 없으면 네 입에서 나오는 말의 질량이 좋을 수가 없다. 그래서 천대를 받는 것이다.

네 말의 질량이 너무 낮으니 상대가 무시하고 거부하는 것이다.

The reason why an ignorant person doesn't receive fine treatment is because their words reflect their inferiority and the reason why an intelligent person receives superior treatment is because every single word of their mouth contains immeasurable amounts of sophistication.

무식한 사람이 좋은 대접을 못 받는 것은 말하는 질량이 떨어져서 그런 것이고 지식인이 받드는 대접을 받는 것은 뿜어내는 말 한마디에 어마어마한 질량이 담기기 때문이다.

Even for just one thought, find out what it is that you want to do for society. Then helpful people will gather around you and your future will change as well.

한 뜸을 생각해도 사회를 위해서 무엇을 할 것인가? 이걸 찾으라. 그러면 너에게 이로운 사람들이 다가오기 시작할 것이고 앞날도 바뀔 것이다.

Even for just one moment, try to live intellectually. Then your energy will enhance you to make you radiant and will sparkle you with the wisdom to make you a problem solver in this society.

한 뜸이라도 더 지적으로 살려고 노력을 하라. 그러면 네 에너지가 좋아져 광채가 나고 지혜가 번뜩여 이 사회의 문제를 해결해 주는 해결사가 된다.

In this era, everything we need to hear comes out into the world. Therefore, we are studying even through a single line of lyrics from a song played on the street and the lines from a scene of a drama. Whatever sounds we heard were part of the study, thus we were supposed to listen to them carefully to build ourselves up but we didn't realize that then and thus, everything we heard passed by us.

시대적으로 우리가 들어야 할 필요한 소리는 세상에 다 나오는 법이다. 그래서 길가다 들리는 노래 한 소절, 드라마 속의 대사 한 줄도 다 우리의 공부였다. 뭐든지 너에게 들려진 소리는 다 네 공부였고 이것을 잘 새겨들어 자신을 갖추었어야 했는데 그것을 몰라 그냥 듣고 지나가버린 것이다.

It is fine if you are a beggar, a king, a millionaire, or disabled. However, your mind must stay awake.

네가 거지라도 좋고, 왕이라도 좋고, 재벌이라도 좋고, 병신이라도 좋다. 그러나 정신만은 살아 있어야 한다.

If you equip yourself as a person, then life's problems disappears to the extent to which you have been equipped.

네 자신을 갖추면 그 갖춘 질량만큼 네가 살아가는데 문제가 없어지는 것이다.

A nation doesn't just flourish because a special person resides in it but it flourishes when you flourish in it. Likewise, a nation does not sparkle just because a special person sparkles, it sparkles when you sparkle.

특별한 사람이 살아야 나라가 사는 것이 아니고 네가 살아야 나라가 사는 것이고 특별한 사람이 빛나야 나라가 빛나는 것이 아니고 네가 빛나야 나라가 빛나는 법이다.

When you as an individual stand firmly, this nation stands. When you as an individual collapses, this nation is also bound to collapse as well. This nation becomes right when you as an individual put in effort.

너 한 사람이 일어서면 이 나라가 일어서고, 너 한 사람이 주저앉으면 이 나라도 주저앉고 마는 것이다. 세상은 너부터 노력할 때 바르게 되느니라.

The higher you shine the light from, the further it shines. Therefore, we ought to reach higher steps by developing ourselves.

빛은 높은데서 비출수록 널리 비출 수 있는 법이다. 그래서 우리도 성장하여 더 높게 올라가야 하는 것이다.

Only after you have studied and acquired the mass, can you lift up prayers to heaven, Mother Nature, and gods. Your prayer will come true if you pray according to your acquired mass.

네가 공부를 하고 질량을 갖추고 나서야 하늘에 축원을 하고 천지대자연에 축원을 하고 신들에게 축원을 할 수 있는 것이다. 네 질량이 갖춰진 만큼 거기에 맞는 축원을 하면 그 축원대로 이루어지는 것이다.

You were sent to this era after everything that you need has already been built, Therefore, no matter how desolate your birth place is, you ought not to complain but rather grow by absorbing your given surroundings.

이 시대에 네가 태어난 것은 네게 필요한 환경을 이미 다 만들어 놓은 곳에 너를 보낸 것이다. 그러니 어떤 척박한 곳에 태어났더라도 불평하지 말고 네게 주는 환경을 잘 흡수해서 거기에서부터 성장을 하면 되는 것이다.

Even if you were born as an orphan, you will gain strength to win over the world if you grow by championing over the difficult situation.

고아로 태어났어도 그 고난의 환경을 씹어 먹고 성장을 하면 세상을 이겨 나갈 수 있는 힘은 스스로 갖추게 된다.

A competent person lives for others; an incompetent person only lives for himself.

실력을 갖춘 사람은 상대를 위해서 살려하고 실력 없는 사람은 저만을 위해서 살려한다.

Reaching a threshold occurs as everything one listened to, both right and wrong, combines into one. One's eyes will be awakened to perceive the world and one will be transformed into a person who can discipline himself. You will transform into a person who can control your own diseases as well as those of others.

아닌 것도 듣고, 맞는 것도 듣고 오만 것을 다 듣다 보면 이것들이 모여 물리(物理)가 일어난다. 눈이 떠져 세상이 보이고 스스로 자신을 다스릴 줄 아는 사람이 된다. 네 병은 네가 다스리고 남의 병도 다스릴 줄 아는 사람으로 변하게 된다.

You will acquire an ability to discipline others when you have self-awareness and are able to self discipline. That is why one must first study to know oneself.

네 자신을 알고 다스릴 줄을 알 때 네게 오는 다른 사람들도 다스릴 수 있는 힘을 갖게 되는 것이다. 그래서 자신을 아는 공부를 먼저 하라는 것이다.

Heaven leaves you powerless until you have acquired everything you need. As you gradually study and acquire the things you need, you will reach a sudden point where you are lightened as if you could fly. That means you have filled up your mass completely.

하늘이 네가 다 갖출 때까지는 네 힘을 빼 놓는다. 그렇게 조금씩 공부를 하고 갖추다보면 어느 순간 날아갈 듯이 가벼워지는 날이 온다. 네 질량이 다 찬 것이다.

You ought to make an effort to advance one step at a time from where you are at right now. How could a person who hasn't even advance a single step, advance ten steps at once even if one runs toward them? One will stay still for the rest of his life.

지금 네가 처한 곳에서 한단 위를 쳐다보고 이르려 노력을 해야 이루지 한 단도 못 이룬 사람이 열 단 위를 쳐다보고 달려든들 그것을 얻을 수 있겠는가?

평생을 가도 제자리걸음일 뿐이다.

You will only waste time, when you try to take a big step with little strength. When you have less strength take smaller steps and when you have more strength you can take larger steps.

네 힘이 적을 때 큰 걸음으로 가려들면 시작도 못한 채 세월만 간다. 힘이 적을 때는 작은 걸음으로 가고 힘이 커졌을 때 큰 걸음으로 가면 된다.

True Wealth 진정한 부자

When money is given to you, seek how to spend it wisely and when a person is given to you, seek how to employ him or her wisely as well. Don't be foolish and attempt to pile them up for yourself because both money and individuals have been given so that they are wisely utilized.

네게 돈을 주었거든 돈을 잘 쓰는 법을 찾고 네게 사람을 주었거든 사람을 잘 쓰는 법을 찾아라. 인연도 재물도 잘 쓰라고 준 것이니 잘 들어 쓸 뿐 미련하게 욕심내어 쌓아두려 하지 마라.

There are bridges for every river and parks for every village. You are rich if you know how to use them for your resources but you are poor if you don't know how to use them.

강마다 다리가 놓여있고 마을마다 공원이 있다. 이것을 네 것으로 쓸 줄 알면 부유한 자인 것이고 네 것으로 쓸 줄 모르면 가난한 자인 것이다.

This society, country and humankind are all yours. When you acknowledge these as your assets and use them valuably, you become rich.

이 사회도 네 것이고 나라도 네 것이고 인류도 네 것이다. 네 앞에 놓인 자산들을 네 것으로 알고 소중히 쓸 줄 알 때 비로소 부자가 되는 것이다.

Money and treasures lay all around the world but if you don't know how to utilize them, then they are worthless.

세상에 돈은 널려 있고 금은보화도 널려 있지만 이것을 네가 쓸 줄 모르면 있으나 마나다.

Your greatest assets are first people, second knowledge.
네게 있어 최고의 재산은 첫째가 사람이요, 둘째가
지식이다.

All the knowledge you acquired by seeing and experiencing throughout your life is the best energy and resources. How wisely you utilize them makes you wealthy.
네가 살아가면서 보고 들은 지식과 체험한 모든 지식들이
바로 최고의 에너지고 자원이다. 이걸 얼마나 잘 활용해
쓰느냐가 너를 부유하게 만드는 것이다.

When the young receive financial support with a lot of resourceful people and a suitable environment, this is the chance that heaven granted but it does not mean success yet. If one misjudges and thinks that one earned these with his own ability and is now successful, heaven will wipe away everything that's been given and will make one learn again from scratch.
젊었을 때 경제가 주어지고 주위에 사람들이 많고 환경이
좋은 것은 큰 공부 하라고 하늘이 주신 기회일 뿐 아직은
성공이 아니다. 그런데 이것을 제가 번 경제인줄 알고 제가

잘나 이룬 성공인 줄 착각을 한다면 하늘이 한 번에 싹 걷어버려 다시 공부하게 만든다.

There are different types of riches. Are you rich of knowledge? Are you rich of gold? Are you rich of people? Are you rich of owning the world? Are you rich of owning heaven?

부자에도 종류가 있다. 지식을 가진 부자냐?

금덩어리를 가진 부자냐? 사람을 가진 부자냐?

세상을 가진 부자냐? 하늘을 가진 부자냐?

The wealthy as we define nowadays refers to a rich man with a lot of material possessions but this just means he is a man with abundant possessions not wealthy. Even though one has earned materials, if one does not earn people, this does not make one wealthy.

지금 이 땅의 부자들은 재물을 가진 부자를 말하는데 재물을 많이 가졌다면 그저 재물을 많이 가진 사람일뿐 부자는 아니다.비록 재물은 얻었으나 사람을 얻지 못했다면 이는 부자가 아니다.

One cannot become a true rich person without earning people. Heaven's strength is bestowed upon the one who earns people.

사람을 못 얻으면 진정한 부자가 될 수 없다. 사람을 얻은 자에게 하늘의 힘이 내리기 때문이다.

It is inferior to think that one is rich just because one has a lot of money. If one does not have people he can trust, then he is just a poor man.

엄청난 돈을 가지고 있으니 부자라는 생각은 낮은 생각이다. 곁에 믿을 만한 사람들이 없다면 가난뱅일 뿐이다.

The greatest millionaires are lonely because they do not have people they can trust. A lot of people surround the greatest millionaires due to their monetary desires. Millionaires live with constant suspicion towards people in order to secure their money. This is because they've only lived for money not for others.

최고의 재벌들은 주위에 그 가진 돈을 탐하여 모여드는 자들만 가득하니 믿고 마음을 줄 만한 사람들이 없어 외롭다. 돈을 지키느라 사람을 의심하며 살기에 그렇다. 돈을 위해서만 힘을 썼지 사람들을 위해서 살아본 적이 없어 그렇다.

If a person stays besides you only when you spend money on them, then that person is not of your own. A person, who stays with you even when you have little, is truly yours. If you have a lot of dependable people around you, then you are already rich.

돈을 써야만 네게 붙어 있는 사람은 네 사람이 아니다. 돈이 없어도 같이 갈 수 있는 사람이 바로 네 사람이다. 그런 사람들이 많다면 너는 이미 부자다.

The power of heaven and society follow, when you have earned people. Then even if you don't have a desire for money it will automatically be given to you. This way one can manage this world wisely.

사람을 얻게 되면 하늘의 힘이 오고, 사회의 힘이 네게로 온다. 그러고 나면 돈은 가지려 욕심을 안 내도 저절로 들어오는 법이다. 이로서 세상을 크게 운용할 수가 있다.

You radiate when you approach someone who utilizes money well but you only encounter rough incidents when you approach someone who doesn't utilize money wisely.

돈은 잘 쓰는 사람에게 가면 빛이 나고 못 쓰는 사람에게 가면 험한 꼴 볼일만 생긴다.

An enemy is generated when money goes to someone who's unworthy and greedy. Only thieves and robbers approach him, out of monetary desires.

질량이 낮고 욕심이 많은 사람에게 돈이 가면 적을 만든다. 사기꾼과 도둑만이 그 돈을 탐내어 다가온다.

If money came to you, ask yourself "Have I acquired the skills to manage this?" Confirm this first.

네게 돈이 왔다면 이것을 잘 운용할 실력은 갖추었는가? 이것을 먼저 확인해 봐야 한다.

You ought to meet a mentor who will guide you spiritually after you have acquired financial stability. This is when you attain wings. How could one live a lonely life? One should live a radiant life armored with golden wings.

경제를 크게 갖추고 나면 너를 이끌어 줄 정신적인 스승을 만나야 한다. 이 때 날개를 다는 것이다. 금빛 날개를 달고 이 세상을 빛나게 살아야지 외롭게 살아서야 되겠는가?

How are three generations of the rich established? The first generation nurtures the foundation through heavenly power. The second generation expands the inherited philosophies. The third generation ought to brilliantly manage everything it has inherited.

부자 three 대가 어떻게 이루어지는가? 1 대는 하늘이 주신 힘으로 기초를 다져 진로를 놓고 2 대는 그 이념을 계승받아 팽창을 시킨다. 그리고 three 대는 이를 이어받아 빛나게 운용을 해야 하는 것이다.

You deserve to receive wealth only when you've sacrificed yourself for society. Don't wish to receive property, if you have never sacrificed yourself for society. Otherwise, you will bring wrath upon yourself.

네가 사회를 위해서 희생한 것이 있을 때 비로소 재물을 받아 운용을 할 자격이 있는 것이다. 사회를 위해서 행한 것이 없다면 재물을 욕심내지 마라. 화를 자초하게 된다.

Everything you are using from this era has been prepared by the previous generations. Things you have prepared and made today will just be used by future generations. This is called non-possession.

이 시대에 네가 쓰는 것들은 앞서 살다간 이들이 이미 다 마련해 놓은 것을 오늘 네가 쓰는 것뿐이다. 네가 오늘 만들고 마련해 놓은 것은 뒤에 오는 이들이 와서 쓰면 그만이다. 이것이 바로 무소유다.

The world becomes yours only after you have put the entire world down.

세상을 다 내려놓고 나야 비로소 세상은 네 것이 된다.

Does heaven have an owner? Does land have an owner? Mother Nature is reserved for all of you but if you claim this portion as yours, that portion becomes not yours, thus, useless.

하늘이 임자가 있는가? 땅이 임자가 있는가? 대자연은 네가 다 쓸 수 있는 것인데 이것을 네 것이라 챙기니 저것은 네 것이 아닌 것이 되어 못 쓰는 것이다.

One must manage, not possess worldly treasures. Therefore, leave them where they belong and don't be greedy over them. The moment you desire them heaven will take away your possessions first.

세상 재물은 운용하는 것이지 소유하는 것이 아니다. 그러니 그저 그 자리에 두고 쓸 뿐 가지려 욕심내지 마라. 욕심을 내는 순간 하늘이 네 것부터 거둘 것이다.

Put down a possessive attitude. Anyone who uses things with an open mind becomes their owners.

네 것이라 하는 마음을 내려놓으라. 세상 모든 것은 마음을 열고 쓰는 자가 임자다.

This is an era where how well one spends money matters, not how much more one earns. During this era, if you push to earn more, then what you already possess will be taken away. Look around you, such things are happening around you.

이제는 돈을 얼마나 잘 쓰느냐의 시대이지 돈을 더 벌려고 애쓰는 시대가 아니다. 돈을 더 벌 시대가 아닌데 돈을 더 벌려고 달려들면 있는 것마저도 뺏긴다.

주위를 둘러보라, 이런 일들이 정확하게 일어나고 있다.

Whatever it is, if you use them wisely it becomes yours, and if you use it unwisely, it becomes not yours.

무엇이든 세상에 만들어 놓은 것은 잘 쓰면 네 것이고 잘못 쓰면 너하고는 관계가 없는 것이 된다.

The value of a product is not determined by who made it but by who uses it. Therefore, we need wise users in order for the producers to find meaning and happiness in their work. Wealthy is the one who values and uses goods wisely.

물건은 누가 만드느냐에 따라 그 가치가 정해지는 것이 아니라 누가 쓰느냐에 따라 그 가치가 정해지는 것이다. 그래서 물건을 잘 써주는 사람들이 있어야 만든 사람들이 보람 있고 행복해지는 것이다. 남이 만든 물건을 귀하게 잘 써주는 사람이 부유한 자다.

Whoever uses the goods of this world wisely is the owner. Everything becomes yours when you open your mind accordingly.

세상에 나온 것은 무엇이든 지혜롭게 잘 쓰는 사람이 주인이다. 이렇게 마음을 열어야 모든 것이 네 것이 된다.

The future era is not about saving and collecting everything but rather it's about utilizing all the given tools wisely.

앞으로는 쓰지 않을 것을 모아두고 저축하는 시대가 아니고 네게 주어지는 연장으로 잘 써야 하는 시대이다.

We all are only managers; we cannot claim anything of this world as ours. The moment you believe something is yours it will be taken away from you.

우리는 모두 관리자일 뿐이지 세상 무엇도 네 것이라 할 것은 없다. 무엇이든 네 것이라 생각을 하는 순간 뺏기고 말 것이다.

A house, money, and position will be given to you to manage if you use them wisely, but it you misuse them heaven will assign another person to manage them.

집도 돈도 직위도 네가 잘 쓰면 네가 맡아 관리를 하게 해주지만 잘못 쓰면 하늘이 관리할 사람을 바꾸어 버린다.

Nothing of Mother Nature belongs to you. Even your physical body is temporary material matter. Since you will be leaving everything behind, everything belongs to society and Mother Nature.

천지대자연에 원래 네 것이란 아무 것도 없었다. 이 육신마저도 물질이고 네가 잠깐 쓰고 가는 것뿐이다. 다 쓰고 나면 두고 가는 것이니 사회의 것이고 대자연의 것이다.

Self-discipliner 수행자

Once you study to unravel your flaws you gain self awareness, once you have gained self awareness, you self discipline and once you self discipline you become pure and clean. This is how you connect and become one with Mother Nature.

네 모순을 찾는 공부를 하면 깨닫게 되고, 깨닫게 되면 수행하게 되고, 수행하면 맑아지고 깨끗해진다. 이렇게 해서 대자연과 스스로 하나가 되고 통하는 것이다.

God has given you so many people and who is left to spare? Isn't everyone leaving you because you have been bragging about yourself the whole time? Asceticism is realizing how you were and carrying out any given work in silence out of embarrassment and shame.

그 많은 사람들을 네게 주었건만 누구하나 네 사람으로 남아있더냐? 너만 잘났다고 하다 보니 사람 하나 남지 않고 다 너를 떠나지를 않더냐? 이런 너를 깨닫고 보니 너무 부끄럽고 창피해서 이제부터 주어지는 일이라면 무엇이든 말없이 다 하는 것이 수행이다.

Self disciplining in the mountain is when a boaster becomes isolated and toilsome to the same extent to which he bragged and was chased into the mountain.

산중수행은 사회에서 잘났다고 들이댄 만큼 고립이 되고 어려워져서 산으로 쫓겨 들어가는 것이다.

Asceticism is self disciplining. It is for you to wipe away your flaws and has nothing to do with God.

수행은 자아수행이다. 네 모순을 닦고 지워내는 것이지 신(神)과는 아무 상관이 없다.

A lot of self disciplining implies a lot of acquired knowledge. Asceticism is an act of absorbing everything in silence whether through reading literature, strolling through mountains and fields, or through human interactions.

수행을 많이 했다는 것은 지식을 많이 갖추었다는 말이다. 글을 보고 배우든, 산과 들을 헤매면서 배우든, 사람들 속에서 부딪히며 배우든 묵묵히 보고 듣는 것을 전부다 흡수하여 지식을 갖추는 행위가 바로 수행이다.

What does it matter if your clothes are shabby? It just needs to block the wind. What does it matter if there's a hole in the clothes? It just needs to be sewn up. What does it matter if your shoes are shabby? It just needs to impede thorns from coming in. This is the attitude of a trainee.

입은 옷이 남루하면 어떤가?

바람만 막아만 주면 되지. 옷이 떨어졌으면 어떤가?

기워 입으면 되지.

신발이 낡았으면 어떤가?

가시만 안 들어오면 되지. 이것이 수행자의 자세다.

Whether in a mountain, a field, or at street market, where you are right now is the place of training.

산에서 건, 들에서 건, 아니면 시장에서 건 네가 있는 곳이 바로 수행처다.

It doesn't matter where one self disciplines, but do not complain. Do not complain about not having clothes and not having useful possessions. It's enough if you eat food that you get after you have fulfilled all your responsibilities, it's enough if you wear clothes that you have and sleep at bedtime.

수행은 어디서 하든 상관없으나 불평은 하지 마라. 옷이 없다 불평하지 말고 쓸 것이 없다 불평하지 마라. 네 할 일을 하고나서 음식이 생기면 먹으면 그만이고 옷이 있으면 입으면 그만이고 자야 할 시간에 자면 그만이다.

Do not complaint about dispossession. Wouldn't there be a compelling reason why heaven is withholding things from you? If you have done the right deeds, there is no lawful reason to withhold things from you. Don't you think it is because of your unethical deeds? What are you trying to achieve by complaining? 주지 않는 것에 대해 불평하지 마라. 하늘이 주지 않을 때는 그럴만한 이유가 있어서이지 않겠는가? 네가 바르게 행하였다면 쓸 것을 주지 않는 법이 없거늘 바르게 행하지 못하였기에 주지 않는 것이 아니냐? 그런데 주지 않는 것을 불평해 어쩌자는 것인가?

If you do not have usable things, you can just attempt to the best of your best ability to use one instead of two, half instead of one, and a portion instead of half. Asceticism is doing one's best in times of deficiency. 쓸 것이 없다면 두 개 쓰던 것 한 개 쓰면 되고, 한 개 쓰던 것 반 개 쓰면 되고, 반 개 쓰던 것 쪼개어 쓰며 할 수 있는 대로 노력을 해가면 그만이다. 없는 가운데서도 최선을 다해야 수행이다.

God's true servant trusts God in times of scarcity, believing that there's reason behind the scarcity. Without any greed, march and just trust in heaven's intention. Heaven will uplift and utilize such a person.

하늘이 안 주실 때는 이유가 있겠지 하고 그냥 믿고 가는 사람이야말로 진짜로 하느님의 일꾼이다. 아무 욕심 없이 그저 하늘의 뜻에 맡기고 가라. 이런 사람은 하늘이 들어 쓴다.

Trainees must be careful even when eating a single meal, because even a single meal that is consumed into your mouth is a debt that you must repay. Therefore, eat thankfully when someone offers you a meal and try hard to acquire and grow even for a little bit. Therefore, you ought to do things that others cannot do on behalf of them.

수행자는 밥 한술을 먹어도 굉장히 조심해야 한다. 네 입에 들어가는 밥 한술도 다 갚아야 할 빚이기 때문이다. 그러니 네게 누가 밥을 주거든 그것을 감사히 먹고 열심히 노력해서 조금이라도 더 갖추고 성장해야 한다. 그래서 세상 사람들이 하지 못하는 일을 대신 해 주어야 한다.

No matter how little, one must repay after owing something. One must pay the price even when one receives a grain of rice and therefore, one should be fearful of incurring debt from others.

아무리 조그만 일이라도 빚을 지고 나면 분명히 갚아야 한다. 쌀 한 톨을 받아도 그 값을 해야 하니 남에게 빚을 지는 것은 굉장히 두려워해야 할 일이다.

It's a service of debt even when one earns a cup of water, thus, one must pay it back even if it means studying till one's bones are ground.

물 한잔을 얻어마셨다 하더라도 이것은 빚을 지는 일이니 뼈를 갈아서라도 공부해 갚아야 한다.

Why do you think others must do something for you? When others do something for your sake, it is a service of debt but when you do something for others it is a virtuous act. Then why are you carelessly trying to implore others?

왜 상대가 네게 무엇을 해주어야 한다고 생각하는가?

네가 상대를 위해 하는 일은 덕이 되는 일이지만 상대가 너를 위해 해주는 일은 빚을 지는 일이다. 그런데 왜 함부로 얻어먹으려 하는가?

The Means of Asceticism 수행의 방법

Do not contemplate about fulfilling yourself while sitting in the back room. Life does not become complete when you only sit and train in the back room. Instead, take in and grasp everything that is given to you and grow by building yourself one by one.

골방에 앉아 너를 완성시킬 생각을 하지 마라. 네 앞에 주어지는 것들을 모두 받아들여서 흡수하고 한 뜸 한 뜸 쌓아가며 성장해야지 골방에 앉아 수행만 한다고 삶이 완성되는 것이 아니다.

Self discipline is not to be done by sitting still but is to be done while working through one's life. Self discipline while washing clothes that others wore. Self disciplining means proceeding to help others sleep warmly by chopping trees down.

수행은 가만히 앉아서 하는 것이 아니라 생활 속에서 일을 하면서 하는 것이다. 남이 입었던 옷을 빨면서 수행하고 나무를 해서 남이 따뜻하게 잘 수 있도록 해 주면서 가는 것이 수행이다.

The best trainee is the caregiver who provides service behind other people's labor. A tremendous amount of lessons come out of this endeavor. But not a single lesson comes out when one is arrogant and adamant.

수행을 제일 잘하는 사람은 남들이 어떤 일을 할 때 그 뒷수발을 드는 사람이다. 그 속에서 배울 것들이 엄청나게 나온다. 그러나 뻣뻣하고 잘난 체를 하면 배울 것이 하나도 나오질 않는다.

Realization occurs through extreme trauma. It is when one comes to realize his own flaws on the verge of death. If one has come to a realization, from then on, one should sit on his knees and must not lift his head and keep his eyes to the ground.

깨닫는다는 것은 엄청난 충격 속에서 깨닫는 것이다. 죽음을 목전에 두고 자신의 못났음을 깨닫는 것이다. 그것을 깨달았다면 이제부터는 무릎을 꿇고 고개를 들지 말고 땅을 봐야 한다.

A foolish person must not lift his head up. If one is foolish 30% of the time then one must bow his head down 30 % of the time. If one is foolish 50% of the time then one must bow his head down 50% of the time. If one is foolish 70% of the time, one should not look at another person's face but only look at the feet. A foolish person should not lift his head up to see others and carelessly inflate one's ego.

못난 사람은 고개를 들면 안 된다. 30% 못났으면 30% 고개를 숙여야 하고 50% 못났으면 50% 고개를 숙여야 한다. 70% 못났으면 사람 얼굴을 보지 말고 발을 보고 살아야 한다. 못난 사람은 고개를 들어 사람을 보고 함부로 기를 세우면 안 된다.

One must receive no matter what other people say because one is receiving the return of his actions toward others. Training is receiving them all.

누가 뭐라 하던 다 받아야 한다. 네가 남에게 행한 그대로 받고 있기 때문이다. 이것을 다 받아내는 것이 수행이다.

If you deter training by bringing abundant food to the trainee, heaven will bestow punishment, because if the trainee gains abundant materials before the training ends, he or she will lose his or her focus trying to seize all the goods.

수행자에게 먹을 것을 풍족히 가져다주어 그 수행을 방해하면 하늘이 벌을 내린다. 아직 수행을 마치지 못한 자가 풍족히 물질을 가지면 물질을 챙기느라 정신이 빠져 수행에 전념하지 못하기 때문이다.

True assistance is disciplining along with the trainee through enduring the difficulties and achieving together.

진정 수행자를 돕는 것은 수행자가 어려움을 참아가며 수행하는 것을 보고 함께 가슴 아파하며 함께 참아가며 수행을 하는 것이다.

The training is already over if the trainee is trying to store up his food for the future. If one is seeking for a real training, then one must die of starvation when his hands cannot reach any more food.

수행자가 나중에 먹을 것까지 미리 챙겨놓으려 한다면 수행은 이미 끝난 것이다. 참 수행을 하려거든 네 손이 닿는 곳에 먹을 것이 없다면 굶어 죽어야 한다.

If one has determined to discipline oneself, then he or she must not depart from the place of training, even if one starves for three days of deprivation.

수행을 하기로 마음을 먹었다면 양식이 떨어져 3 일을 굶어도 수행처를 이탈하면 안 된다. 하늘이 양식을 주지 않으면 네 몸에 저장된 지방을 태워 가면서라도 버티면 된다.

What is the problem? You might as well die if heaven deprives and takes your body away. You are struggling not to die and by doing this you are becoming greedy and disrupting your training.

하늘이 양식을 주지 않아 몸마저 걷어 가면 죽으면 그만이지 무엇이 문제인가? 안 죽으려 발버둥을 치니 욕심이 나고 수행이 깨지는 것이다.

Do you know how pure your spirit becomes when heaven deprives you and you starve to death? Your spirit does not wander around heaven because it is as pure as it can be.

하늘이 양식을 주지 않아 그대로 굶어 죽으면 이 영혼이 얼마나 깨끗해지는 줄 아는가? 더 이상 맑을 수 없어 구천을 떠돌지 않는다.

The only way for a trainee to study is to humble oneself. One studies by respecting others and nature while humbling oneself. One cannot advance to the next level of training, if one has not completed this part of the study.

수행자는 철저히 자신을 낮추는 것만이 너의 공부다. 자신을 낮추는 가운데 상대를 존중하고 자연을 존중하는 공부를 하는 것이다. 이 공부가 안 마쳐지면 다음 단계로 넘어갈 수가 없다.

Training is purifying yourself so that you will not lift your head up in any given situation. It's purifying all of yourself, so that your flaws will not lift their head up. That's all you need to do.

수행이란 어떤 환경에서도 고개를 들지 않도록 너를 씻어 내는 것, 모순이 고개 들지 않도록 너를 전부다 씻어 내는 것이다. 그것만 하면 된다.

Heaven is depreciating your strength because you bow your knees when you are in need but you complain and attack others when you gain a little bit of strength. How will you even train yourself unless you have a shortfall in your strength?

네가 모자랄 때는 얻기 위해서 굽히고 들어가지만, 힘이 조금만 생기고 나면 남에게 이기려 달려들고 불평을 하기에 하늘이 네 힘을 떨어뜨려 놓는 것이다. 네가 힘이 떨어져야 수행을 하지 힘이 있어서는 어디 수행을 하겠는가?

When you have come to train yourself, it does not matter even if you were a president. You can train yourself right by placing yourself at the bottommost position and doing routine labor. A trainee is one who lowers himself or herself when he or she first comes, no matter how high one's position had been.

네가 수행하러 왔다면 대통령이었다 해도 소용없다. 제일 낮은 데로 들어가 허드렛일부터 해야 바르게 수행 할 수 있다. 아무리 높은 자리에 있던 자라도 처음 가는 자리는 굽히고 들어가야 수행자다.

Wherever you go for the first time, you must not abruptly intrude but learn at the bottommost position with a humble attitude.

어디든지 처음에 갔을 때에는 제일 낮은 자세로 제일 낮은 자리에 가서 배워야지 중간에서부터 덜렁 끼어들면 안 된다.

In any given circumstance, do not complain. This is the only foundation of self discipline.

어떠한 환경을 줘도 불평하지 말라. 수행의 근본은 이것 하나밖에 없다.

Relocation occurs when the trainee complains. Another relocation occurs if he complaints again at the new environment and he will live the rest of his life wandering around.

수행자가 불평을 할 때 이동수가 난다. 옮겨간 새 환경에서도 불평을 하면 또 다른 이동수가 나서 평생 이리저리 이동하며 살게 되는 것이다.

No matter how nice that place is where you went in for training, if you complain even in there, you must leave. Relocation occurs whenever one complains.

수행하러 아무리 좋은 곳에 들어가서도 거기서 불평을 하면 너는 떠나야 한다. 어떤 환경이든지 불평을 할 때 이동수가 나는 것이다.

Training doesn't mean not sleeping for three days without dozing off. When the human body is tired, it is bound to get sleepy. Training is trying not to let go of studying even if one is restless and snoozes from fulfilling all his responsibilities. Training comes not through accomplishment but through effort.

3일 동안 꼬박 졸지 않고 버텼다고 수행이 아니다. 인체는 피곤하면 잠이 오게 되어있다. 주어진 일을 열심히 하느라 비록 피곤하여 졸더라도 공부를 놓지 않으려고 노력하는 것, 이것이 수행이다. 무엇을 이루어서 수행이 아니라 노력함이 바로 수행이다.

When we give a good environment to a pure one, he or she does not become greedy and lives his or her given life purely. So a better environment is given to them. Then, one reaches nirvana through purifying himself or herself as he or she aligns his or her walk with the given circumstances. This is known as training.

깨끗한 사람에게 좋은 환경을 주면 욕심내지 않고 주어진 대로 깨끗하게 가니 그 위에 더 나은 환경을 준다. 그러면 또 그 환경에 맞게 가며 스스로를 맑혀 가니 모든 집착에서 벗어나 마침내 해탈을 하게 된다. 이것이 수행이다.

Whether you acquired knowledge in your field, or knowledge in every bit of life, training ends when you have acquired all the knowledge you need to acquire.

네 분야의 지식을 갖추든, 세상 오만지식을 갖추든 네가 갖추어야 할 지식이 다 갖추어진 후에야 수행이 끝나는 것이다.

Three Year Training 3년 수행

If you have uncovered your flaws then you must train for at least three years to rectify them. If you fulfill 10 years of training by striving for an additional seven years, your flaws will be gone and training becomes a part of your life. Difficulties in cultivation will vanish.

너의 모순을 발견했다면 이제 그 모순을 바르게 잡기위해서 기본적으로 3년은 수행을 해야 된다.

여기서 7년을 더 노력을 하여 10년을 채우면 수행 자체가 네 생활이 되고 모든 모순이 없어지나니 이에 도에 이르고 사는데 어려움이 사라진다.

Begin at the bottommost position. Do not complain in any given circumstances. With this begin your three years training. If you prevail for three years, it will fulfill itself without even forcing yourself.

낮은 자리에서 시작하라. 어떠한 환경에서도 불만하지 마라. 이것으로 3 년 수행을 시작하라. 3 년을 이겨 내고 바르게 수행 했다면 3 년 후에는 억지로 하지 않아도 스스로 이루어진다.

If others call you an idiot then you can just become an idiot while training. Wouldn't you be an idiot since you came to train after wandering around not knowing where to go? What is the use of pretending to yourself as if you were smart if you've come to train yourself?

수행을 할 땐 남이 너를 등신이라고 하면 등신이 되면 그만이다. 갈 길 몰라 헤매다가 수행을 하러 왔으니 등신이 맞지 않는가? 수행하러 온 자가 똑똑한 체해서 무엇을 하려는가?

A trainee must live like a fool for three years. You only need to live like this for three years but why are you trying to seize a useless pride that even dogs wouldn't want? Why are you fooling around so hard not to become an idiot and a fool?

수행자는 3 년은 바보로 살아야 한다. 3 년만 그렇게 살면 되는데 개도 안 주워 먹을 자존심은 왜 그리도 챙기는고? 등신이 안 되고 바보가 안 되려고 왜 그렇게들 난리인고?

Whether someone boasts or not, lower your head and swallow your pride and march on for three years. After doing this for at least three years, you can then call yourself a trainee.

누가 잘난 척을 하든 말든 고개를 숙이고 자존심도 죽이고 3 년만 가라. 이렇게 3 년은 수행을 해야 수행자라 할 수 있다.

You can rectify any flaws within three years if you realize them and strive to correct them. You will come to understand the principle of the training and will become accustomed to studying. Therefore, everything becomes easy after training like this for three years. This is known as preliminary training.

자신의 모순을 깨달아 고치려 노력을 하면 어지간한 잘못도 3년이면 바로 잡을 수 있다. 이렇게 3년만 수행을 해서 잘못된 것들을 바로 잡고 나면 이제 수행의 법칙도 알게 되고 공부하는 방법도 습관이 들기 때문에 모든 것이 다 쉬워 진다. 이것이 일차수행이다.

If you call yourself a trainee, then do things that other people don't do. Let others take the nice room when you see it and choose from the remaining ones. When you see delicious food, eat the leftovers and be joyful watching others eat. Clean up after someone else's mess. This three year training is what you ought to go through at least once.

수행자라면 남이 하지 않는 일을 네가 하고자 하라. 좋은 방을 보거든 다른 사람이 차지하게 두고 너는 남는 곳을 택하라. 좋은 음식을 보거든 남이 먹는 것을 보면서 좋아하고 너는 남은 것을 먹어라. 남이 어질러 놓은 곳도 네가 청소하라. 이것이 한번은 거쳐야 하는 3 년 수행이니라.

The Result of Training 수행의 결과

Both Siddhartha and Jesus had times when they wandered in the midst of extreme distresses. They all have experienced the world through extreme self-mortification and included everything they have seen and heard as part of their energy mass. Even though they didn't exert any power during their self mortification, their power manifested after they returned and unfolded themselves in their hometowns.

싯다르타 부처가 엄청난 고뇌 속에서 헤맬 때가 있었고 예수도 고난 속에서 헤맬 때가 있었다. 이 분들은 모두 엄청난 고행 속에서 세상을 경험하며 보고 들은 것들을 전부 다 에너지질량으로 담아 키웠던 것이다. 이들의 고행

중엔 아무 능력도 나오지 않았지만 자기의 고장으로 돌아와 펼치는 중에 능력이 나왔다.

Heaven does not grant any power during training. Power manifests depending on how you treat others as you start to meet others after you have completed the self mortification. No power manifests if you only try to take advantage of others but it manifests as you cherish and love others.

하늘은 수행 중에는 아무 능력을 주지 않는다. 고행이 끝나고 사람을 만나기 시작할 때 사람들을 어떻게 대하느냐에 따라서 능력이 나오는 것이다. 사람을 만나서 네가 득을 보려고 들면 능력이 안 나오고 사람을 아끼고 사랑하는 가운데 능력이 나오는 것이다.

If you only train yourself in a right manner, suitable rapport will come to you every time and Mother Nature will bring you everything you need even if you don't desire after them.

바르게 수행만 하면 때마다 네게 맞는 인연이 오고 네가 욕심내지 않아도 대자연이 필요한 모든 것을 다 가져다준다.

One who has completed training never complains. One comes to appreciate and utilize any given circumstances wisely.

수행을 마친 사람은 절대 불평을 하지 않는다. 어떤 조건을 주던 이것을 감사히 여기고 잘 쓰는 사람이 된다.

The criterion for training is appreciating and not complaining in any given circumstances. Heaven is watching over this. If you are complaining, that means you have trained yourself incorrectly.

어떠한 조건을 줘도 감사하며 불평하지 않는 것이 수행의 척도다. 하늘이 그것을 지켜보시는 것이다. 불평을 한다는 것은 네 수행이 잘못됐다는 증거를 대는 것이다.

If you go into training after going through an extreme tribulation in society, you can train to the end with your strong willpower even if it turns into self mortification. But if one goes into training without enough suffering, one will constantly agitate due to lack of willpower. Therefore, all the suffering you've gone through while wandering around was also studying as well.

사회에서 엄청난 시련을 겪고 나서 수행하러 들어가면 비록 고행이 되더라도 의지력이 강해 끝까지 수행할 수 있다. 그런데 사회에서 고생을 덜하고 수행하러 간 사람은 의지가 약해 자꾸 흔들린다. 그러니 사회에서 헤매며 고생한 것도 다 공부였던 것이다.

Some say that one acquires magical powers to call upon the clouds and predict the future once he or she completes his or her training. As a trainee, what are you trying to accomplish by calling the clouds and foreseeing the future? It's enough if you have trained to erase your flaws.

어떤 이들은 수행이 끝나고 나면 도술을 얻어 구름을 부르고, 앞일을 내다본다고 하는데, 수행자가 구름은 불러 무엇 하며 앞일은 보아 무엇을 하려는가? 네 모순을 지우는 수행만 했으면 된 것이다.

When you go to a temple, even monks are classified into two categories, theory and design. One who classifies as "yi" (theory) trains hard and one who classifies as "sa" (design) oversee administration and employs properties. 'Design" is not a problem solver even though he or she works hard. However, "yi" (theory) can judge and solve whenever there is a problem, even in the middle of his or her training. This is why a trainee classified as "yi" (theory) is important.

절에 가보면 중들도 이판사판(理判事判)으로 분류가 있다. 이판(理判)은 열심히 수행을 하고 사판(事判)은 사무를 보고 재물을 운용하는 일을 한다. 사판은 열심히 일은 하지만 해결자는 아니다. 반면에 이판은 수행을 하다가도 문제가 있을 때 판단하고 다스려 문제를 해결할 수가 있다. 그래서 이판인 수행자가 중요한 것이다.

The greatest trainees of the present day are intellectuals. When they come to realization, they become enlightened ones.

오늘날 최고의 수행자는 지식인들이다. 이들이 깨달을 때 선지식(善知識)이 되는 것이다.

One who went through a lot of training must surrender everything that society needs, either books, living truths or a compilation of everything he or she learned. This is called the practice of good deeds of the trainee who followed his or her ways.

수행을 많이 한 사람은 책을 내주든, 살아가는 진리를 내주든 배운 것을 정리해 사회에 필요한 것들을 전부다 내주고 가야한다. 이것이 수행을 하고 그 행을 하고 간 사람의 공덕이다.

The Study of Contradiction 모순 공부

You get the solution to a quandary only after you have absorbed all the flaws of this world.

세상의 모순을 다 흡수하고 나서야 네가 풀지 못하던 문제의 답이 나오는 법이다.

You don't understand what rightfulness is if you don't understand the wrongfulness. Therefore, one becomes a person with judgement only after he or she absorbed all the flaws.

사(邪)를 모르면 정(正)도 모른다. 그래서 모순을 다 흡수하고 나서야 바른 것을 분별을 할 줄 아는 사람이 되는 것이다.

Studying is discovering why your circumstances have become difficult. Why is life so hard even though I tried my best? Was there a time I did wrongful things while trying hard? Was there a time where you thought you were doing well while doing wrong deed? Studying is discovering these flaws.

네가 왜 어려워졌는가를 찾는 것이 바로 공부다. '열심히 산다고 살았는데 왜 이렇게 어려운가? 열심히 산다고 하면서 잘못 산 것은 없는가? 잘못된 행위를 하면서 잘하고 있다고 생각한 것은 없는가?' 이런 모순을 찾는 것이 공부다.

You encounter extreme shock after you realize that 'I had flaws, I lived a wrong life.' After you have realized your flaws you won't be able to say anything but only cry in tears.

'내게 모순이 있었구나, 잘못 살았구나.'하는 것들을 발견하고 나면 엄청난 충격을 받게 된다. 자신의 모순을 깨닫고 나면 눈물만 흘러내릴 뿐 아무 할 말이 없게 된다.

God gives blessings to those who come to a realization of their flaws and put in effort to correct them. He or she will reciprocate exactly even to 0.1mm.

자기모순을 깨달아 고치고자 노력하는 사람은 하느님이 축복을 준다. 0.1mm 도 틀리지 않게 준다.

One tear drop of the one who truly repents his flaws stirs Mother Nature. The environment changes through it.

진정으로 자신의 모순을 반성하는 사람의 눈물 한 방울은 대자연을 뒤흔든다. 그로써 환경이 바뀐다.

Whatever you do, do not try to force yourself. Do not try to look too good. These things will become flaws and will ruin the work in the future.

무엇을 하던 억지로 하려 들지 마라. 너무 좋게 보이려 들지도 마라. 이것들이 모순이 되어서 나중에 일을 그르치게 된다.

Do not try to be too careful when studying. Watchful actions may cause misfortune. Your preparedness is reflected through what you ordinarily say or do, being careful to be seen as if you are prepared is false.

공부를 하면서 너무 조심하려 들지 마라. 조심하려는 행동이 도리어 악수를 둔다. 평소에 네가 하는 말과 행동이 너의 갖춤이지 조심을 하면서 갖춘 척 하는 것은 가짜다.

Do not force yourself to get rid of your flaws, that itself if a flaw. Treat others as you are.

네 모순을 억지로 없애려고도 하지 마라.

그것 또한 모순이다. 네 있는 그대로 상대를 대하라.

If you have not yet corrected yourself, then find your flaws as you act accordingly. It is wrongful to be careful because it means you are hiding your flaws.

네가 아직 바르게 잡히지 않았다면 잡히지 않은 대로 행동을 해가면서 모순을 찾아가라. 조심을 한다는 것은 네 모순을 숨기는 것이라 옳지 않다.

Do not try to hide your flaws, you will transform as much as you haven't studied or have studied. It's ok to be cursed by others. You can study and correct the flaws little by little, if they come out in personal relationships. The most important thing is for you to advance yourself.

공부가 안 되었으면 안 된 만큼, 되었으면 된 만큼 스스로 달라질 것이니 네 모순을 숨기려 들지 마라. 남들에게 욕을 들어도 괜찮다. 사람과의 관계에서 모순이 나오면 공부를 해 나가면서 조금씩 잡아가면 된다. 정말 중요한 것은 네 자신이 좋아져야 한다는 점이다.

If you act carefully to pretend as if you advanced when you haven't, then heaven will test you in order to verify it. Heaven will drop you off to where you were before if you have not advanced. It means to study again.

네가 나아지지 않았는데 조심을 해서 나아진 척 했다면 정말 그러한지 하늘이 시험을 주어 확인 작업을 한다. 그래서 변한 것이 없다면 뚝 떨어뜨려 제자리에 갖다놓는다. 다시 공부하라는 뜻이다.

Discard the thought if you think that you have to immediately become a virtuous person after studying. This also is being irrational.

공부를 했으니 당장에 바른 사람이 되어야 한다는 생각도 버려라. 이것 또한 무리수를 두는 것이다.

Do not blame the flaws of the society but become the skilled one who can coordinate them well.

사회의 모순을 탓하지 말고 이 모순을 잘 정리 할 수 있는 실력 있는 사람이 되라.

Do not think that you have helped others while holding onto your flaws; you gain strength to help others only when you have sorted your flaws out first. When a flawed person interacts with others, one is not helping others but rather studying for his sake.

네 모순이 먼저 정리가 돼야 상대를 도울 수 있는 힘을 갖는 것이지 네 모순을 끌어안고 상대를 도왔다는 생각은 하지마라. 모순이 있는 자가 상대를 대하는 것은 상대를 돕는 것이 아니고 네 공부를 하는 것이다.

Reward in Effort 노력의 공답

It is human nature to defend and value those who try, because those who try hard look very charming and brilliant.

노력하는 사람은 아껴주고 싶고, 지켜 주고 싶은 것이 인간의 본능이다. 노력하는 사람의 모습은 곁에서 보기에 굉장히 사랑스럽고 좋아 보이기 때문이다.

This world needs hard workers not boasters.

이 세상에는 노력하는 자가 필요한 것이지 잘난 척 하는 자는 필요 없다.

It is a foolish act to think that one will accomplish something without an effort.

노력 없이 뭔가 이루어지리라 생각하는 것은 미련한 짓이다.

Do not expect fortune without an effort. Then what is an effort? It is to govern and mend your foundation and also to find and study your flaws.

노력 없는 요행은 바라지도 마라. 그렇다면 노력이란 무엇인가? 네 근본을 다스려 고치고 모순을 찾아 공부하는 것을 노력이라 한다.

Without blaming society or government, spend three years trying hard to equip yourself. Then, you will be called by this world. You will be drawn out even if you hide.

사회나 정부도 탓하지 말고 three 년만 열심히 네 자신을 갖추고자 노력하라. 그러면 세상이 너를 불러낼 것이다. 숨어 있어도 끌어내고 만다.

If you do not try and live only to waste time, then you will surely feel constantly uneasy as if something has been stirred around. When this happens, judge yourself and assess. Am I trying hard right now? If you have been trying, then you will become successful as you continue what you have been doing.

뭔가 노력하며 살지 않고 시간만 낭비하고 살면 뭔가 자꾸 들쑤셔 놓은 것 같은 불안한 기분이 들기 마련이다. 이럴 땐 스스로를 분별해 '나는 지금 노력하고 있는가?'를 짚어보라. 노력을 한 바가 있거든 지금 해 나가는 대로 가면 반드시 성공한다.

Mother Nature directs and supports those who try. However, it fails those who linger without trying in order to make them realize precisely that 'Ah, I lingered vainly for no reason.'

노력하는 사람은 성공하도록 대자연이 이끌어 주고 밀어준다. 그런데 노력 없이 미련만 떠는 사람은 실패하게 만들어 '아~,내가 괜한 미련을 떨었구나.'하는 걸 정확히 알게 해준다.

One should never help someone for free. It's not because one needs money and wants to be paid but there's a line that's been drawn. Benefits should only be given to those who try to go beyond this line.

남을 도와 일을 해 줄 땐 절대 공짜로 해주면 안 된다. 돈이 필요해서 받으려고 하는 것이 아니고 선을 만들어 놓는 것이다. 이 선을 넘으려고 노력하는 사람에게만 혜택을 줘야 한다.

You will receive your portion when you did something, even just a little, for others. Your portion will inevitably be given to you, when you help others in their strenuous tasks. Therefore, do not think of eating if you haven't done anything for others.

조금이라도 남을 위해 한 일이 있다면 네 먹을 것은 반드시 온다. 저 사람의 힘든 일을 거들어 주면 먹을 것은 자동으로 오게 되어있다. 그러니 남을 위해 한일이 없다면 먹을 생각도 하지마라.

Don't say you can't if you haven't tried! Step out, those who want to step out. This is bravery. When you have courage to step up, self righteousness is fulfilled.

해보지도 않고 안 된다는 소리 하지마라! 나서고자 하는 사람부터 나서라. 이것이 용기다. 네가 옳다고 생각하는 것은 나서는 용기가 있을 때 이루어진다.

Knowledge and Management 지식과 운용

Even if one learned all the knowledge in this world, one can't live right if one doesn't know Mother Nature's law. One can utilize knowledge in a correct way only after understanding the principal and operational law of Mother Nature.

세상의 지식을 다 배웠어도 대자연의 법칙을 모르고서는 바르게 살아 갈 수가 없다. 대자연의 운행법칙과 원리를 알아야 배운 것을 바르게 쓸 수 있기 때문이다.

Common knowledge is knowledge that has been engraved for long periods of time. But right now, we are imprisoned in conventionality, unable to step in or out. Life won't change without breaking out from conventionality.

상식은 고착된 지식이다. 그런데 지금 우리는 이 상식의 틀에 갇힌 채 들어가지도 못하고 나오지도 못하고 있다. 이 상식의 틀을 깨지 않고는 인생이 바뀌지 않는다.

No great knowledge can break common sense. Only truth can.

상식은 아무리 큰 지식으로도 깰 수 없다.

오직 진리만이 깰 수 있다

Knowledge gives birth to common sense but truth breaks that common sense and fills one up with energy even into one's bone marrow.

지식은 상식을 낳지만 진리는 그 상식을 깨고 골수 속까지 에너지를 채워준다.

Wisdom opens up when the truth goes into all the common sense you have built up and become melded into one.

네가 쌓은 모든 상식에 진리의 지식이 들어가 용해가 될 때 비로소 지혜가 열리는 것이다.

The vigor of a household slowly shifts into the right direction, when the sophisticated one that has correct knowledge dwells inside the house. For some odd reason, one just wants to follow him or her.

바른 지식을 가진 사람이 집안에 딱 버티고 있으면 집안의 기운이 조금씩 바르게 바뀐다. 뭔가는 몰라도 그 사람 말을 따르고 싶어진다.

The right knowledge contains a tremendous amount of mass energy therefore, when you acquire that knowledge your surrounding forces begin to shift and arrange themselves. Your minds start to unify themselves and pull the forces around you to change you.

바른 지식은 엄청난 질량에너지기 때문에 네가 바른 지식을 갖추면 주위의 기운들이 바뀌고 정리되기 시작한다. 그래서 마음이 모이기 시작하고 기운을 당기기 시작해서 네가 바뀌어 간다.

You become sick if you only eat delicious food and don't act knowledgeably, likewise, when you don't act knowledgeably after eating a lot of knowledge, you will face a situation where you are squeezing your lifeline.

좋은 음식만 자꾸 먹고 지적인 행위를 하지 못하면 네 몸이 아파오듯 좋은 지식을 많이 먹어 놓고도 지적인 행위를 하지 못하면 결국 네 목을 네가 죄는 상황이 온다.

When beneficial nutrients are not eaten, one's body becomes weak. Likewise, when the mind lacks an energy called knowledge, it goes in and out and constantly becomes unstable.

몸에 좋은 음식이 안 들어오면 몸이 어려워지듯 정신도 지식이라는 에너지가 모자라면 들쑥날쑥해져 자꾸 불안해지는 법이다.

Acquiring strength is doable through effort, but utilizing that strength requires practice based on ingenuity.

힘을 갖추는 것은 노력으로 되지만, 갖춘 힘을 운용을 하는 것은 지략을 바탕으로 한 운용의 묘가 있어야 한다.

You change when great knowledge comes in and you acquire an ability to utilize all the circumstances occurring around you.

큰 지식이 들어오면 네가 달라지고 네 앞에 일어나는 모든 환경들을 운용할 수 있는 능력을 갖게 된다.

Thought is not static and it always changes. When the knowledge comes in, it changes itself accordingly. Therefore, do not force your thought to bend itself.

생각은 고정되어 있지 않고 항상 변한다. 지식이 들어오면 그에 따라 스스로 변하는 것이 생각이니 네 생각을 억지로 비틀려 들지 마라.

A person's thought changes based on their obtained knowledge. No great thought can be extracted without abundant knowledge.

어떤 지식을 갖추었느냐에 따라서 변하는 것이 인간의 생각이다. 충만한 지식 없이 좋은 생각이란 절대로 창출되지 않는 법이다.

Your thought changes based on the knowledge you obtained and the surrounding changes when that thought reaches your heart.

네가 어떤 지식을 갖추느냐에 따라서 생각이 변하고 그 생각이 마음에 전달되면 환경을 바꾼다.

Emotion cannot be controlled just because you try. When one has a narrow width of knowledge, it is difficult to discard emotion and it causes a mess. The ability to regulate emotions improves only when the width of knowledge widens.

감정은 조절을 하려 든다고 되는 것이 아니다. 지식의 폭이 작으면 감정을 처리하는데 힘이 들고 처리가 잘 안 돼 꼬이게 된다. 지식의 폭이 넓어질 때 감정의 조절능력도 좋아지는 법이다.

Logic cannot open up the enclosed heart, but truth can free up even the enclosed heart.

논리는 닫힌 가슴을 열지 못하지만 진리는 닫힌 가슴도 뚫어낸다.

In order to acquire pure knowledge, one cannot tilt to either side. Knowledge based on partiality does not lead to a right discernment.

깨끗한 지식을 갖추기 위해서는 한쪽으로 치우쳐서는 안 된다. 편중된 지식에선 바른 분별이 나오질 않기 때문이다.

When you receive all the logic from one side, you become the supporter of that side. This is known as religious people. Religious ones have one-sided logic.

한쪽 논리만 많이 받았다면 그 논리의 옹호자로 변하게 된다. 이것이 바로 종교인들이다. 종교인들은 한쪽으로 치우친 논리를 갖추고 있다.

One makes a biased judgment and points biased fingers towards social phenomenon since one can perceive only from a single side with one-sided logic. One cannot solve a problem in this way.

한 쪽으로 치우친 논리로는 한쪽에서 밖에 바라 볼 수가 없어 사회 현상에도 치우친 잣대를 대고 치우친 분별을 하게 된다. 그래서는 문제를 풀어낼 수가 없다.

Do not attempt to enjoy knowledge but rather absorb it purely.
지식을 가지고 놀려 들지 말고 그냥 깨끗하게 흡수하라.

Knowledge is to be acquired in any given circumstance through opening up and receiving.
지식은 어떤 환경이든 전부다 열어놓고 받아들여 갖추는 것이다.

One's mass of thought improves as one absorbs things well from given circumstances.
주어진 환경을 잘 흡수할수록 생각의 질량은 좋아진다.

Even if you have a miniscule quality and quantity of knowledge, if you harvest everything you see and hear without a complaint, then your truth will come out as you reach the threshold to reason over all knowledge you have acquired.
비록 지금 들어오는 지식의 질과 양이 작을 지라도 보고 들리는 걸 전부다 불만 없이 깨끗이 거두어들이면 지식에 내공이 차고 문리가 일어나 너의 진리가 나오게 된다.

There may be times where primary, secondary and tertiary enlightenment break out, when the density of the knowledge you have inside become condensed and once you develop experience. Immeasurable strength gets released out when the tertiary enlightenment breaks.

네 안에 쌓인 지식에 밀도가 차고 내공이 생기고 나면 일차적인 문리가 터질 때가 있고 이차적인 문리가 터질 때가 있고 삼차적인 문리가 터질 때가 온다. 세 번째 문리가 터질 땐 어마어마한 힘이 쏟아져 나온다.

After you have acquired knowledge, you ought to find out, "Where and how should I use this knowledge?" Acquiring knowledge is useless if you don't find this and you may even become overwhelmed and fail.

지식을 갖추었다면'이 지식을 어디에, 어떻게 쓸 것인가?'를 찾아야 한다. 이것을 찾지 못하면 지식을 갖추어 봐야 소용이 없고 도리어 갖춘 지식에 눌려 망할 수가 있다.

Once heaven gave the knowledge, one ought to study a correct way of using the knowledge, if heaven gave one wealth, then one ought to study the right way of utilizing it and if heaven gave people, one ought to study the right way of utilizing them. Mother Nature will wipe way energy that is not properly used and it knocks you out as it wipes away. That means for you to study again. When that happens, you must undergo an extremely difficult studying.

하늘이 지식을 주었으면 지식을 바르게 쓰는 공부를 해야 하고, 경제를 주었으면 경제를 바르게 쓸 줄 아는 공부를 해야 하며, 사람을 주었으면 사람을 바르게 쓰는 공부를 해야 한다. 바르게 쓸 줄 모르는 에너지는 대자연이 걷어 가는데 걷어갈 때에는 너를 치고 걷어간다. 다시 공부하라는 뜻이다. 그렇게 되면 엄청나게 힘든 공부를 해야 된다.

No matter how much knowledge one has acquired, if it's not used correctly, one becomes crazy from dullness. No matter how much money one has, if one doesn't know how to use it correctly, one will go crazy. Even if one has an exceptional talent, if one doesn't know how to use it correctly, it will make him or her go crazy. The reason why people become crazy even with a lot of possessions is because they only try to protect them without knowing how to use them correctly.

아무리 많은 지식을 갖췄어도 바르게 쓰지 못하면 갑갑해 미치게 된다. 아무리 많은 돈을 가졌어도 바르게 쓸 줄 모르면 미치게 된다. 아무리 비상한 재주를 가졌어도 바르게 쓸 줄 모른다면 결국 이것이 너를 미치게 만든다. 이처럼 많이 가지고도 미치는 것은 가진 것을 어떻게 써야 할 줄 모르고 이걸 지키려고만 하기에 그렇다.

This world is becoming difficult because even though there is abundancy in material goods, people cannot acquire the necessary teachings for their spirit. Therefore, if you comprehend one thing that you didn't know before, you are launching a wing to live this life.

세상에 물질은 풍부하지만 정신에 필요한 가르침을 얻지 못해 전부 다 어려워지는 것이다. 그러니 네가 모르던 것 하나를 깨우치면 세상을 살아가는데 날개를 다는 것이다.

Equipping with the Knowledge of Truth 진리의 지식
갖추기

Within Mother Nature, there are laws of heaven, earth and humanity. One falls into hardships because one lives recklessly without acknowledging them.

천지대자연에는 하늘의 법이 있고 땅의 법이 있고 사람이 살아가는 법이 있다. 그것을 모르고 함부로 살고 헤매니 어려움에 빠지는 것이다.

Knowledge becomes your strength to the extent you have acquired them. It's because one can utilize, resolve and manage the strength of Mother Nature to the extent you have acquired.

지식은 갖춘 만큼 네 힘이 된다. 아는 만큼 대자연의 힘을 가져다 쓸 수 있고 처리할 수 있고 운용할 수 있기에 그렇다.

Your body and soul become much lightened when Mother Nature's knowledge of truth known as *jungbub* (the greatest law) comes into you and is established.

천지대자연의 진리의 지식인 정법이 네게 들어와서 장착될 때에는 날아갈 것처럼 몸과 마음이 가벼워진다.

Your energy instantly changes the moment you incubate *jungbub* (the greatest law). Your attitude changes and your mass of speaking changes. Along with that, you will recover from sickness and resolve difficulties.

진리의 지식인 정법(正法)을 품는 순간에 네 에너지가 변한다. 네 사고가 변하고, 네 말하는 질량도 변한다. 더불어 아팠던 것도 낳고, 힘들었던 일들도 풀린다.

There's no need to be greedy after the written law of the knowledge of the truth, one can listen the given amount each time. Your mass will improve every time you listen. Every time enlightenment bursts out one by one, you will also grow one by one.

진리의 지식의 법문은 욕심낼 것도 없고 주어지는 대로 들을 수 있는 만큼씩 들으면 된다. 들을 때마다 네 질량이 자꾸 좋아진다. 그러면서 한 단씩 문리가 탁탁 터질 때마다 네가 한 칸씩 성장하게 된다.

If you are not able to use your strength, that means something is blocked inside of you. Enlightenment will burst out when you eat and acquire the right fruit of the knowledge of truth to open your eyes and acquire wisdom, so that you come to acknowledge the unknown and release the blockage.

지금 힘을 쓰지 못하고 있다면 지금 네 안에 뭔가가 막혀 있다는 뜻이다. 이 때 바른 진리의 지식을 먹고 갖추고 나면 이것에서 문리가 터져 눈이 뜨이고 지혜가 나와 모르던 것을 알게 되고 막혔던 것이 뚫리게 된다.

Everyone improves 30% initially, if one studies hard with the knowledge of truth known as *jungbub* (the greatest law). Things that were dull will be unraveled, the sick will recover, family relationships will be restored and discordance due to ignorance will be resolved.

진리의 지식인 정법 공부를 열심히 하면 누구든 1차적으로 30%는 좋아진다. 그래서 갑갑하고 힘들었던 것이 풀릴 것이요, 아팠던 몸이 나을 것이요, 가족 간에 상했던 우애가 돌아올 것이요, 네 잘못을 몰라 생겼던 불화도 풀어질 것이다.

Once one has studied the principle of knowledge of truth and resolved 30% of the difficulties, one will reach a point where improvement seems to cease. Why is that? This means not to solely advance yourself but to use those improvements to benefit others. Then, one will obtain bigger strength and a better life.

진리의 지식인 정법을 공부해 30%의 어려움이 풀리고 나면 좋아지던 것이 잠시 중단되는 때가 온다. 왜 그런가? 너만 좋아질 것이 아니라 네가 좋아진 것으로 주위사람들에게 이로운 행위를 하라는 뜻이다. 그럴 때 다시 삶이 좋아지고 더 큰 힘이 생기는 법이다.

What happens when you study *jungbub* (the greatest law) of the truth of knowledge? You are able to discern the right from the wrong and will come to discover your flaws. Since you will come to understand what your flaws are and why you are so stubborn, you will come to fix your stubbornness.

진리의 지식인 정법을 공부하면 어떤 일이 생기는가? 옳고 그름을 분별할 줄 알아 네 모순을 찾을 수 있게 된다. 네 잘못이 무엇인지, 네 고집이 왜 그렇게 센지를 알게 되니 고칠 수 있게 된다.

You will come to recognize your faults when you study the principle knowledge of the truth known as *jungbub* (the greatest law), therefore, people you disliked will be seen as lovely and you will acquire compassion towards them. Since you are putting out an effort to fix and improve, heaven will help you and will enlighten your spirit, so your future endeavors will work out well.

진리의 지식공부인 정법공부를 하면 네 잘못을 알게 되니 밉던 사람이 사랑스러워지고 도리어 미안한 마음을 갖게 된다. 네가 고쳐 잘 하려는 노력을 하게 되니 하늘이 도와 기운을 살려주고 앞일이 잘 풀리게 된다.

You become pure when you study *junbub* (the greatest law), the principle knowledge of the truth. When you become pure, you become one with nature and correctly see future endeavors to recognize what you should do for people who come to you. This ability comes out from Mother Nature. You can use the strength of Mother Nature to the extent to which you are pure.

정법공부를 열심히 하면 네가 맑아진다. 네가 맑아지면 자연과 하나가 되고 네 앞에 오는 것을 바르게 보게 되고, 네게 오는 상대를 위해 무엇을 해야 할 것인가를 알게 된다. 그리고 그 힘은 대자연에서 나온다. 깨끗한 만큼 대자연의 힘을 가져다 쓸 수 있는 것이다.

Why are you studying *jungbub* (the greatest law), the principle knowledge of the truth? It is to regard future relationships correctly and to live your life correctly.

정법공부는 왜 하느냐? 네 앞에 오는 인연을 바르게 대하기 위해서이고 네 삶을 바르게 살기 위해서다.

You are easily shaken when you don't have knowledge and have not been equipped. You will be shaken by the words of cults, spirit mediums, and shamans. You will be shaken even to your roots, if you have not been equipped.

네가 배운 것이 없고 갖춘 것이 없으면 무엇에든 쉽게 흔들린다. 사이비 교단의 말에도 흔들리고 무당의 말에도 흔들리고 박수의 말에도 흔들려 버린다. 갖춘 것이 없으면 뿌리까지 흔들린다.

If you don't firmly equip yourself by building up the knowledge of the truth, you will be stirred by everything in this world and ruin your life.

진리의 지식을 쌓아 너를 확고히 갖추지 않으면 오만 것에 다 흔들리다 망쳐 버리는 것이 인생이다.

If you have studied the knowledge of truth that is strong in foundation, you will not fall into words of others no matter who you interact with. You will listen and harvest all that's said by others and make them part of your energy but you do not dance to their words.

기초가 단단한 진리의 지식을 공부했다면 어떤 사람을 만나도 교류는 하되 그 사람 말에 빠지지는 않는다. 상대의 말을 다 듣고 거두어 들여 네 에너지로 삼지만 그 사람 말에 춤추지는 않게 된다.

What should you study first when you study the laws of Mother Nature? You ought to study the lowest part among heaven, earth, and humanity, which is man. We ought to study about our life first.

천지대자연의 법칙을 공부할 때는 무엇부터 공부를 해야 하는가? 천지인(天地人)의 공부 중 제일 아래인 인(人)의 공부, 우리 삶에 대한 공부를 먼저 해야 한다.

One can study the law of the earth only after he or she has studied the operational law of human life first. The study of heaven will open up by itself after one has completed study of the man and earth.

사람이 살아가는 운행법칙을 공부하고 나서야 그 다음에 지상의 법을 공부할 수 있는 것이다. 그렇게 사람과 땅의 공부가 끝나고 나면 하늘의 공부는 스스로 열리게 된다.

How are trying to learn about heaven when you don't even know about yourself, about men, and the earth? What is making you so impatient?

네 자신도 모르고 사람도 모르고 땅도 모르면서 어찌 하늘을 배우려 하는가? 무엇이 그리도 급한가?

After mankind has opened up the era of science and philosophy, the truth will come out and shine above it and reach its completion. Likewise, the truth comes out in due time.

인간이 과학시대를 열고 철학시대를 열고나야 그 위에 진리가 나와 빛이 나고 완성이 되는 것이다. 이처럼 진리는 때가 되어야 나오는 것이다.

When your acquired knowledge fills up its density, light will shine from it and will begin to influence others.

네가 갖춘 지식에 밀도가 차면 내공을 만들어내고 이것에서 빛이나 상대에게 영향을 미치기 시작한다.

One word that comes out from you, if you have acquired enlightenment, benefits others though changing their minds and the exchange of minds begins.

내공을 갖춘 네 말 한마디가 상대의 생각을 변하게 해주니 상대에게 유익이 되고 이제부터 정신적인 교류가 시작된다.

If you have studied 100%, you transform only 30% from it. The other 70% is in the process of being ripped and refined inside.

네가 공부한 것이 100 이라면 네가 달라지는 것은 그 중 30%이다. 70%는 아직까지 내면에서 익어가고 다듬어져 가고 있는 중이다.

If we say that your acquired energy mass is 100%, you may put the 30% that has been enriched through compression by the energy mass out of your mouth. Enriched elements that come out will greatly benefit others. However, things do not work out because you are trying to use what you just heard today.

네가 갖춘 에너지질량을 100%으로 보았을 때 네 안에 갖춘 에너지질량의 압력에 의해 농축된 30%는 네 입으로 내놓아도 된다. 이렇게 압축되어 나오는 것을 펼쳐 쓰면 상대에게 큰 도움이 된다. 그런데 오늘 들은 것을 오늘 당장 써 먹으려고 하니 맞지 않는 것이다.

Jungbub (the greatest law) does not become yours just because you heard it once. It is wide and deep in depth so you cannot consume the whole thing at once but can only eat according to your portion and capacity. When you listen again after you have gotten deeper and better with your studying and vigor, you will hear things that you haven't heard before in greater depth.

정법의 법문은 한 번 들었다고 다 네 것이 되는 것이 아니다. 정법의 법문은 그 깊이가 크고 깊어 한 번에 네 그릇만큼, 네 용량만큼만 먹을 수 있는 것이지, 한꺼번에 다 받아먹을 수 있는 것이 아니다. 그래서 공부가 깊어지고 기운이 좋아지고 나서 다시 들으면 들리지 않던 것이 더 깊이 들린다.

If you listen again to *jungbub* (the greatest law) that you have heard before, you will hear things you haven't heard as if it's the first time. Why is this? You are able to hear more in depth because your mass energy is improving. That is why you can intake 70% within you, after listening to the same law for at least three times.

이미 들었던 정법의 법문도 다시 들으면 마치 처음 듣는 것처럼 들리지 않았던 것들이 들린다. 왜 그런가? 네 질량이 좋아지고 있기에 더 깊은 것이 들리는 것이다. 그래서 같은 법문도 3 번은 다시 들어야 70%는 네 안에 담아 낼 수 있는 것이다.

The day will come, when your mass improves to fill your heart with the law and make your tears fall with delight. This is the power of law. You are sensing the force of law with your heart.

네 질량이 좋아지면서 법문의 기운이 가슴에 확 차고 들어와 눈물이 쏟아지고 환희심이 날 때가 온다. 이것이 법의 힘이다. 법의 기운을 가슴으로 느끼는 것이다.

A sanctuary, church, or temple is where the law of the truth comes out. TV becomes the temple, if law comes out from it. A bar becomes the temple, if law comes out of it. The value of a place always changes depending on what comes out there.

진리의 법이 흘러나오는 곳이 법당이다. TV 에서 법이 나오면 TV 앞이 법당이요. 술집에서 법이 흘러나오면 술집이 법당이 된다. 법은 치워버리고 술이나 먹자면 법당도 술집이 되는 것이다. 그 자리에서 무엇이 나오느냐에 따라 자리의 가치는 항상 변한다.

If you harvest the knowledge of truth in silence for three years, people will gather in front of you once your words burst out of your mouth. You are starting to become a mentor of *hongik* (benefiting others). If you have studied for seven years, foreigners will gather around you and if you have studied for 10 years even the internationally well-known scholars will bend down on their knees before the energy that falls out of your mouth. You will become the great ascetic who will be welcomed in all parts of humankind.

말없이 3년만 진리의 지식을 거둬들이면 네 입에서 말이 터질 때 사람들이 네 앞으로 모여든다. 홍익 멘토가 되기 시작을 하는 것이다. 7년을 공부했다면 외국 사람도 모여들고 10년을 공부를 했다면 네 입에서 쏟아내는 에너지로 국제적인 석학들도 무릎을 꿇게 된다. 인류 어디에 가서도 환영 받는 큰 도인이 된다.

Production and Application of Wisdom 지혜의 생산과 활용

How do you expect to see the world when you don't look into the world carefully? How do you expect to know another person when you don't offer your heart and look into them carefully?

세상을 주의 깊게 보지 않는데 어떻게 세상이 보이리라고 생각을 하는가? 상대에게 마음을 내어 주의 깊게 보지 않는데 어찌 상대를 알 수 있다고 생각을 하는가?

What will happen when you align yourself right? The world will appear upright. No matter what other people say you come to hear them right. Since everything you hear and see becomes your nourishment, the wisdom opens itself up.

너를 바르게 고쳐 잡고 나면 어떤 일이 생기는가? 세상이 바르게 보인다. 누가 어떤 말을 해도 가시 돋치게 듣지 않고 바르게 듣게 된다. 듣고 보는 모든 것이 전부 다 네 양식이 되니 스스로 지혜가 열린다.

Once wisdom opens up, your own law is generated. This is called the truth.

지혜가 열리고 나면 너의 법이 나온다.

이것을 진리라고 하는 것이다

When you love the other person, you will see him or her and when you cherish the other person, you will see his or her direction. Therefore, you will be able to find a solution to solve their difficulties.

네가 상대를 사랑하면 상대가 보이고, 네가 상대를 아끼면 상대의 갈 길이 보인다. 그러니 상대의 어려움도 해결해줄 방법을 찾아 줄 수 있게 되는 것이다.

Even if wisdom has opened up, you will become a foolish person who does not know anything. You do not acquire the answer just because you acquired wisdom. When a person who's going through a difficult time comes up to you to share and request, you can only seek to find what the person is trying to seek and give him or her the answer they need. This answer will act as a medicine and a strength to recover them. This is known as the management of wisdom.

지혜가 열리고 났다하더라도 너는 아무것도 모르는 그저 멍청한 사람이 된다. 지혜를 얻었다고 해서 답을 손에 쥐는 것이 아니라 그렇다. 다만 어려워진 사람이 네게 다가와 그 속을 털어놓고 도움을 청할 때 그 청하는 말 속에서 상대가 구하고자 하는 바가 무엇인지를 알아 그 사람한테 필요한 답을 내 줄 뿐이다. 그 답이 약이 되고 힘이 되어 그 사람을 소생시켜 준다. 이것이 지혜의 운용이다.

One knows the solution to certain problems one encounters the most but one does not realize that that is the solution. That is why the solution will come out if one only listens diligently to what others say. One only needs to inform the other person of that solution after listening.

어떤 문제에 봉착했을 때 답은 본인이 제일 잘 아는 법인데 본인은 그게 답이라는 것을 모른다. 그래서 상대가 하는 말을 잘 들어만 주면 답은 거기에서 나온다. 그것을 잘 듣고 상대에게 알려주기만 하면 되는 것이다.

All the answers that the other person needs will come out if you sincerely listen to him or her three times.

어려움을 당한 상대가 네게 와서 하는 말을 three 번만 정성껏 들어주면 그 안에서 상대에게 필요한 답이 나오게 되어 있다.

If you sincerely listen to 70% of what one brings out, you will find 30% of the answers that he or she couldn't find. When you place this on top of the 70% that he or she brought out, it becomes a 100% answer.

상대가 꺼내 놓는 70%의 말을 잘 들어주고 나면 그가 찾지 못했던 30%의 답이 네게 보인다. 이것을 상대가 내 놓은 70% 위에 얹어주면 100%의 정답이 되는 것이다.

You cannot find the answer after listening to 10% of what the other person said. If you gave a solution after listening to 30% of what one said then it is an incorrect one. You will be able to find the true answer for the other person only after listening to 70% of what other person said. The 3:7 law of Mother Nature is circulating as such.

상대 말의 10%만 듣고서는 답을 찾아줄 수 없다. 30%를 듣고 나서 찾아 준 것은 잘못된 답이다. 상대에게서 70%의 말이 쏟아지고 나서 찾아 줄 때 비로소 진짜 답을 찾아 줄 수 있게 되는 것이다. 천지대자연의 three:7 의 법칙이 이렇게 돌아가는 것이다.

When you listen to another's words, listen with an open mind. This means to listen with interest and obligation without putting your own thoughts into them.

상대의 말을 들어줄 땐 '무심'으로 들어주라. 무심으로 들으라는 말은 상대가 이야기를 할 때 관심을 가지고 충실히 들어주되 너의 생각은 집어넣지 말고 들으라는 것이다.

Meditation 명상

If you feel uneasy and uncomfortable and cannot sleep at night it means that Mother Nature has kept you awake so you can study nightly. Do not force yourself to sleep but wake yourself up and find things to study. Then you will be able to sleep well again.

뭔가 불안하고 찜찜해 밤에 잠이 오지 않는 것은 밤공부를 하라고 대자연이 깨워 놓은 것이다. 이럴 때는 억지로 자려 들지 말고 일어나 앉아 해야 할 공부를 찾아서 하라. 그러고 나면 다시 잠이 잘 온다.

Meditation is supposed to be done not after waiting for the set time but when your heart moves. Meditation is when you settle down as your heart moves and is enlightened by Heavenly Father.

명상은 시간을 기다렸다 하는 것이 아니라 네 마음이 움직일 때 하는 것이다. 네 마음이 동할 때 자리를 잡고 앉아 천지 어버이께 고하는 것이 명상이다.

Mediate at the end of your efforts to live correctly. If you sit down to meditate without putting in any effort, ill forces will shake you and constantly distract you.

바르게 살려는 노력 끝에 명상하라. 아무 노력한 바 없이 명상을 한다고 앉으면 삿된 기운이 너를 흔들어 자꾸 산만해지느니라.

If you become sleepy while you meditate, this implies that you've been living an idle life. If you have lived a hardworking life, you will not doze off because your eyes and intelligence will remain alive.

명상을 할 때 잠이 온다면 너는 평소에도 나태하게 살던 사람임을 알려 주는 것이다. 평소에 노력하며 살던 자라면 눈이 살아 있고 총기(聰氣)가 살아있어 졸지 않는다.

If you are distracted while meditating, recognize that you have been living a distracted life and if you get sleepy, you should recognize that you've been living an indolent life. Then, sit upright and pray to heaven saying, "I will not live a distracting life. I will not live an indolent life." Heaven will bestow you with a great vigor when you try to correct yourself.

명상을 할 때 산만하다면 네가 산만하게 살았음을 알고, 잠이 오면 네가 나태하게 살았구나하는 것을 알아야 한다. 그렇다면 자세를 바르게 고쳐 앉아'이제부터 산만하게 살지 않겠습니다. 나태하게 살지 않겠습니다.'라고 하늘에 축원하라. 이렇게 고치려고 노력만 하면 하늘이 네게 큰 기운을 내려 주신다.

Meditation is cultivating yourself through organizing everything that you have studied and informing you of things that you need inform heaven of and organizing things you need to organize.

명상이란 네가 이때까지 공부한 것들을 잘 정리해서 하늘에 고할 것은 고하고 정리할 것은 정리해 깨끗하게 스스로를 다듬는 것이다.

Meditation is a training to correct your erroneous habits and control your vitality. If one sits down out of a desire to acquire something or to experience certain forces, this is not a meditation.

명상은 네 잘못된 버릇을 고치고 네 기운을 바르게 다스리자는 수련이다. 뭔가를 원한다거나 어떤 기운을 맛보려고 앉아 있는 것은 명상이 아니다.

If you pretend to meditate out of a desire to acquire something and sit down for a long time, only evil spirits will come in. Therefore, purify yourself first and cultivate greatly to prevent evil spirits from entering into you.

명상을 한다며 오래 버티고 앉아 무언가를 얻을 욕심을 내면 잡귀밖에 안 들어온다. 그러니 네 자신을 먼저 맑히고 크게 가꾸어서 잡귀가 침범할 수 없도록 해야 한다.

Even if you sit down and meditate for 3000 years, wisdom does not open up.

명상을 하며 삼천 년을 앉아 있은들 지혜가 열리진 않는다.

Meditation shouldn't be done by anyone mindlessly. It is for those who have completely developed their spiritual mass.

명상은 아무나 함부로 하는 것이 아니다. 영혼의 질량이 다 크고 난 자들이 하는 것이다.

The strength of Mother Nature will enter into you according to your acquired mass, only if you meditate after you have developed your mass. This strength will eradicate all the unnecessary tendencies within you and make you pure.

네 질량이 크고 나서 명상을 해야 그 질량에 맞게 대자연의 힘이 들어오고, 네게 있는 불필요한 기운들을 전부다 배출시켜 깨끗하게 만들어 주는 것이다.

You can share Mother Nature's great strength only if you meditate after your mass has increased. You will cause big trouble if you try to call upon Mother Nature's great strength with a small mass of your own.

네 질량이 컸을 때 명상을 해야 대자연의 큰 힘도 공유가 되는 것이지 네 질량은 작은데 대자연의 큰 힘을 불러들이려 한다면 큰 탈이 난다.

There are people who quietly sit down for a long time saying that they are meditating but they are calling god rather than meditating. When they do this, the gods of ancestors and ghosts will enter.

명상을 한답시고 고요하게 오래 앉아있는 사람들이 있는데 이것은 명상을 하는 것이 아니라 신(god)을 부르는 짓이다. 그러고 있으면 조상신도 들어오고, 귀신도 들어온다.

Acquire right knowledge before you meditate. You encounter the right vigor if you have acquired a sufficient amount of knowledge and mass. If you meditate without acquiring knowledge first, you will be chased by ghosts. The strength of Mother Nature never comes this way.

명상을 하기 전에 바른 지식을 먼저 갖추어라. 지식을 갖추어서 어느 정도 질량이 되고 나서 명상을 해야 바른 기운을 접하는 것이지, 네 지식은 갖추지도 않고 그냥 명상을 하게 되면 귀신밖에 안 쫓아 온다. 대자연의 기운은 그렇게 오는 것이 절대 아니다.

Now is not the time to meditate but rather it's time to acquire knowledge. It's not too late to mediate after you have acquired knowledge first.

지금은 명상할 때가 아니고 지식을 갖출 때이다. 지식을 먼저 갖추고 나서 명상은 나중에 해도 늦지 않다.

In the daytime meet others and partake of all your responsibilities well and at night stay still and reflect upon yourself. Evaluate, "Was there anything that I did wrong today? Was I angry at anyone? Did I hurt anyone by thrusting my views?" Then calmly refine your heart and pray, "Dear Heavenly Father! Please help me with all my inadequacy. Thank you! Then sleep purely. True studying is encountering everyday life after you have wakened from refreshing sleep.

낮엔 사람들과 만나 주어진 일을 잘 하고 밤엔 가만히 앉아 자신을 돌이켜보라. '오늘 잘못 한 것은 없었나? 사람들에게 화낸 것은 없었나? 내 방식을 들이대서 상대를 아프게 한 적은 없었나?'를 짚어보라. 그리곤 마음을 차분히 가다듬어 '천지어버이시여! 제게 모자란 것이 있으면 도와주십시오. 감사합니다!'라고 축원을 하고 깨끗이 자라. 그렇게 푹 자고 개운하게 일어나 다시 생활을 접하는 것이 진짜 공부다.

Repent of whatever you need to repent of, organize whatever you need to organize and if you fall asleep leaving the rest up to Mother Nature, then it will block even the incoming thief. If you live through organizing yourself then it will block future accidents and organize future encounters.

잘못을 반성할 것은 반성하고 정리할 것은 정리하고 나서 나머지는 대자연에게 맡기고 잠이 들면 오던 도둑도 막아준다. 이렇게 자신을 정리해 가며 살면 다음에 올 사고도 막아버리고 탁하게 다가올 인연도 정리해준다.

Do not try to acquire something while trying to meditate at night for a long time without sleeping. You are not exiled and why are you staying awake at night? Wouldn't you be able to acquire what's given to you when you seek after them with a clear mind after a good night's sleep? At night reflect upon yourself and sleep well. Heaven will provide you with all your needs even if you don't desire them.

밤에 명상을 하겠다며 밤잠을 안자고 오래 앉아 무엇을 받으려고 하지마라. 유배 온 것도 아닌데 무엇 하러 밤에 깨어 있는가? 밤에 잘 자고 낮엔 맑은 정신으로 주위를 살펴야 네게 주어진 것을 취할 수 있지 않겠는가? 밤에는 자신을 돌아보고 점검한 후 푹 자라. 네가 받으려 안 해도 필요한 것은 하늘이 다 주신다.

There are selective people who should meditate without sleeping at night. Like the unemployed who have nothing to do in the afternoon and the ones who are exiled into the mountain and stay up all night to study.

밤잠을 안자고 명상을 해야 할 사람들은 따로 있다. 낮에 할 일이 없고 사람 만날 필요가 없는 실업자들이나 세상에서 실패해 산 속으로 쫓겨 유배 간 사람들이 밤을 새워가며 공부를 하는 것이다.

Virtue of Humbleness 겸손의 덕목

Humbling is not lowering yourself but rather it's respecting and accepting others.
겸손이란 자신을 낮추는 것이 아니고 상대를 존중하고 인정해주는 것이다.

Asking for humility doesn't imply that you lower yourself but rather that you look at your surroundings carefully. You will become humble when you look around carefully.
겸손해라 함은 너를 낮추라는 게 아니라 네 환경을 잘 보라는 것이다. 네 환경을 잘 둘러보면 겸손할 수밖에 없게 된다.

Humility is shown not from the lower one to the higher one but from the higher one to the lower one. Humility is done by those with strength to those without.

겸손은 아랫사람이 윗사람에게 하는 것이 아니고 윗사람이 아랫사람에게 하는 것이다. 겸손은 힘 있는 사람이 힘없는 사람에게 하는 것이다.

You must know how to recognize people below you, if you keep ignoring them then you will no longer be able to receive help from them.

겸손히 아랫사람을 인정할 줄 알아야지 자꾸 무시를 해버리면 아랫사람에게로부터 오는 도움을 받지 못하게 된다.

Humility is not to lower yourself to the one below you but it is to recognize them. You will pay the price if you ignore that person below you.

겸손이란 아랫사람에게 낮추라는 말이 아니고 아랫사람을 인정해주라는 말이다. 아랫사람을 무시해버리면 그 대가는 분명히 돌아온다.

Seek carefully if there's anything you can learn from the person below you. This is known as humility. You will experience loss if you ignore them because they are below you.

아랫사람에게라도 배울 것은 없는지 잘 살펴보라. 이것이 겸손이다. 아랫사람이라고 무시하는데서 손실이 온다.

Humility is considering what other people say seriously and accepting that. If you make your own conclusion and discard other's words after roughly listening to them, then you are not humble but immature.

사람을 대할 때 그 말을 진지하게 잘 듣고 받아들이는 것이 겸손한 것이다. 상대가 하는 말을 대충 듣고 무시해서 그냥 결론 내버리고 치워버리면 겸손하지 못한 것이고 아직까지 사람이 덜 된 것이다.

Innovation 혁신

Trying to drink from a new cup and not from an old one is not
an innovation. Trying to drink from a big bowl instead of a small
cup is also not an innovation. It's because only the plate has
changed while the water remains the same.

이 잔으로 마시던 것을 저 잔으로 마셔보자는 것은 혁신이
아니다. 작은 잔으로 마시다가 큰 대접으로 마셔보자는
것도 혁신이 아니다. 잔만 바뀌는 것일 뿐 마시는 물은 같기
때문이다.

You are breaking out from one part of the deck when you suggest following the Southeast Asian style after failing from the European style. Innovation is asserting yourself to go and completely change the deck by jumping over what you've done in this deck and stepping onto another.

유럽식으로 해보다가 안 되면 동남아식으로 해보자는 것도 한 판에서 못 벗어나고 있는 것이다. 이 판에서 놀던 것을 뛰어 넘어 상단의 다른 판으로 올라서서 아예 판을 바꾸는 것을 혁신이라 하는 것이다.

Innovation is transitioning from a merchant into a businessman and from a businessman to an entrepreneur.

장사꾼에서 기업인으로 올라서는 것이 혁신이고 기업인에서 사업가로 올라서는 것이 혁신이다.

You cannot discuss success while remaining in a trade. You can only speak of success if you walk into entrepreneurship.

사업으로 들어서야 성공을 말할 수 있는 것이지 장사에 머물면서 성공을 논할 수는 없는 일이다.

Trading is done in order to earn money and strength, a company enhances people through management, and entrepreneurship benefits the world using its strength.

장사는 돈을 벌고 힘을 갖추기 위해서 하는 것이요, 기업은 사람을 운용하며 팽창하는 것이고, 사업이란 갖춘 힘으로 널리 세상을 이롭게 하는 일이다.

Businessmen must study how to manage people. They will gain a tremendous amount of strength when they utilize people well and increase in wealth. The time will come to shine as a light of innovation, once they have obtained wealth. When this happens, they will develop as an entrepreneur.

기업가는 사람을 운용을 하는 공부를 해야 한다. 사람을 잘 운용하면 엄청난 힘을 갖게 되고 경제는 스스로 팽창한다. 이렇게 경제를 이루고 나면 혁신적으로 빛을 일으키는 시기가 온다. 이때 사업가로 성장을 하는 것이다.

When businessmen manage people, the money will gather without their efforts and work will expand to make them powerful.

기업인이 사람을 경영을 하면 돈 벌려고 하지 않아도 돈은 스스로 오고 일이 팽창되니 큰 힘을 갖게 된다.

When you only try to earn money, it will be very difficult to accomplish just that. However, when one manages people the money will come in even if you don't try and don't care. The company will expand in this way and you will acquire 70% of your strength. Entrepreneurship and innovation is shining a light through accomplishing the additional 30% of the work.

돈만 벌려 할 때는 돈 버는 것만으로도 굉장히 힘이 들지만 사람경영을 하면 돈은 벌려 하지 않아도 스스로 들어오고 신경을 안 써도 들어온다. 이렇게 일이 팽창을 해서 70%까지 힘을 갖게 된다. 여기서 나머지 30%의 일을 이루어내어 빛을 내는 것이 사업이고 혁신이다.

A development of scientific technology opened up an era of expanded lifespans, thus our average lifespan is increasing. An ability to increase one's lifespan designated humans as the owner of this world, therefore, we must do everything we need to do for society before we leave.

과학기술이 발전해서 생명도 연장할 수 있는 시대가 열려 평균수명이 늘어나고 있다. 삶의 시간을 스스로 연장할 수 있다는 것은 인간이 세상의 주인이 되었다는 뜻이고 세상에 할 일을 다 하고 가야 한다는 뜻이다.

About the Author

Shihyun Kim was born in South Korea and now lives in Amherst, MA. She obtained her Ph.D. in Religious Studies from the Academy of Korean Studies in 2011, and then taught at the San Diego State University, University of Massachusetts at Amherst, Smith College, and Mount Holyoke College. She is a teacher and researcher of Korean language, history, religion, and culture. She has committed herself to introduce a new paradigm to the Western world for the development of a new human civilization.